books4success
Das lesen Gewinner

JOHN HOOVER

SO... WERDEN SIE HERR IHRER ZEIT

TUN SIE DIE RICHTIGEN DINGE ZUM RICHTIGEN ZEITPUNKT!

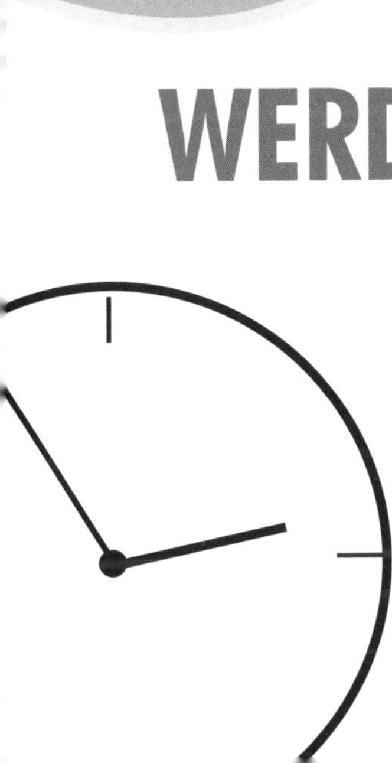

Bibliografische Information der Deutschen Bibliothek
Die Deutsche Bibliothek verzeichnet diese Publikation in der
Deutschen Nationalbibliografie; detaillierte bibliografische Daten sind im Internet
über <http://dnb.ddb.de> abrufbar.

Die Originalausgabe erschien unter dem Titel
Best Practices: Time Management –
Set Priorities to Get the Right Things Done
ISBN 978-0-06-114563-6

Übersetzung: Egbert Neumüller
Gestaltung und Satz: Johanna Wack, Werbefritz! GmbH, Kulmbach
Druck: CPI – Ebner & Spiegel, Ulm
ISBN 978-3-938350-80-5

Für Fragen rund um unsere Bücher:
buecher@boersenmedien.de

Weitere Informationen unter:
www.boersenbuchverlag.de

Postfach 1449 • 95305 Kulmbach
Tel. 09221-9051-0 • Fax 09221-9051-4444

BÖRSEN MEDIEN
AKTIENGESELLSCHAFT

John Hoover war früher als Führungskraft bei Walt Disney Productions und bei McGraw-Hill tätig. Er hat einen Masters-Titel in Ehe- und Familientherapie sowie in Personal- und Organisationsentwicklung. Außerdem hat er einen Doktorgrad in Personal- und Organisationsentwicklung.
Dr. Hoover ist Führungs-Coach, Spezialist für Kommunikation in Organisationen, Berater für Organisationsverhalten, Seminarleiter und Gastredner bei verschiedenen Organisationen, unter anderem: American Society of Training and Development, Boeing Leadership Center, Delta Airlines, IBM, Motorola, New York State Training Council, Society for Human Resource Management, Xerox und viele andere.
Er ist Autor und Koautor einiger erfolgreicher Bücher über Management und Motivation.

Inhalt

Vorwort

Warum kommen manche Menschen so mühelos mit ihrer Zeit zurecht und andere sind immer im Hintertreffen? Wie kann man Fristen einhalten, wenn rechts und links Hindernisse aus dem Boden sprießen? Gibt es einen Trick, wie man seine langfristigen Ziele befördert und gleichzeitig die Last-Minute-Aufträge vom Chef bewältigt?
Wir fassen in diesem Buch die Erkenntnisse einiger der besten Denker auf dem Gebiet des Zeitmanagements zusammen, damit Sie Ihre Zeit effektiver nutzen und Ihre langfristigen Ziele erreichen können. Die Sprache ist einfach und die Gestaltung farbig, damit die Informationen leicht fasslich werden.
Testfragen zur Selbsteinschätzung helfen Ihnen, Ihr Wissen über Zeitmanagement zu beurteilen. Fallbeispiele zeigen Ihnen, wie andere Menschen ihre Zeitmanagement-Probleme bewältigt haben. Andere Kästen bieten einen umfassenden Blick auf effektives Zeitmanagement und

führen innovative, aus dem Rahmen fallende Lösungen vor, über die es sich lohnt nachzudenken. Zitate von Unternehmenslenkern und Experten für Zeitmanagement motivieren Sie in dem Bestreben, jede Minute des Tages zu nutzen. Und für den Fall, dass Sie sich intensiver mit Zeitmanagement und anderen Problemen am Arbeitsplatz befassen wollen, empfehlen wir am Ende ein paar der wichtigsten verfügbaren Business-Bücher. Die Verfasser dieser Bücher beeinflussen und reflektieren das heutige Denken über Zeitmanagement und verwandte Management-Themen. Das Verständnis der von ihnen behandelten Ideen wird Sie als Manager inspirieren.
Doch selbst wenn Sie keinen Blick in diese Bücher werfen, sind Sie mit dem Wissen, das Sie aus dem Studium des vorliegenden Buches ziehen, dafür gerüstet, Ihre Zeit jeden Tag effektiver zu verwalten – in Ihrem Unternehmen und bei den Menschen, die Sie unterstützen, etwas zu bewirken.

Die Herausgeber

1 Setzen Sie zeitliche Prioritäten

„Zeit ist die knappste Ressource des Managers; wenn sie nicht gemanagt wird, kann auch sonst nichts gemanagt werden."

– Peter F. Drucker, Management-Guru und Autor (1909-2005)

Die 86.400 Sekunden, die der Tag hat, hören sich vielleicht nach viel an, aber sie vergehen schnell. Egal wie schnell Ihnen die Zeit vorbeizufliegen scheint – sogar die Stunden, Minuten und Sekunden des geschicktesten Zeitmanagers ticken exakt im gleichen Tempo.

TESTFRAGEN ZUR SELBSTEINSCHÄTZUNG

WIE NEHMEN SIE ZEIT WAHR?

Lesen Sie alle Aussagen durch und kreuzen Sie an, ob Sie zustimmen, teilweise zustimmen oder nicht zustimmen. Zählen Sie dann Ihre Punkte zusammen und lesen Sie die Wertung am Schluss.

1. Die meisten Dinge, die ich während des Arbeitstages tue, sind mechanisch und nicht persönlich befriedigend.
   ○ Stimme zu ○ Stimme teilweise zu ○ Stimme nicht zu

2. Die meisten Dinge, die ich im Laufe des Tages tue, sind für meinen Arbeitgeber wichtig, aber für mich nicht.
   ○ Stimme zu ○ Stimme teilweise zu ○ Stimme nicht zu

3. Die meisten Dinge, die ich im Laufe des Tages tue, sind Routine und davon hat mein Arbeitgeber eigentlich auch nicht viel.
   ○ Stimme zu ○ Stimme teilweise zu ○ Stimme nicht zu

4. Die meisten Dinge, die ich zu Hause tue, sind Routine und bringen in Wirklichkeit weder mir noch jemand anderem etwas.
○ Stimme zu ○ Stimme teilweise zu ○ Stimme nicht zu

5. Die meisten Dinge, die ich zu Hause tue, sind für andere Menschen wichtig, aber für mich nicht.
○ Stimme zu ○ Stimme teilweise zu ○ Stimme nicht zu

6. Die meisten Dinge, die ich zu Hause tue, sind mechanisch und nicht persönlich befriedigend.
○ Stimme zu ○ Stimme teilweise zu ○ Stimme nicht zu

7. Meine Prioritäten für die Arbeit werden von anderen gesetzt.
○ Stimme zu ○ Stimme teilweise zu ○ Stimme nicht zu

8. Meine Prioritäten zu Hause werden von anderen gesetzt.
○ Stimme zu ○ Stimme teilweise zu ○ Stimme nicht zu

9. Wenn ich die Wahl hätte, würde ich meine Arbeitszeit ganz anders nutzen.
○ Stimme zu ○ Stimme teilweise zu ○ Stimme nicht zu

10. Wenn ich die Wahl hätte, würde ich meine private Zeit ganz anders nutzen.
○ Stimme zu ○ Stimme teilweise zu ○ Stimme nicht zu

Punktewertung

Geben Sie sich für jede Frage, die Sie mit „stimme zu" beantwortet haben, 3 Punkte, für jede Frage, die Sie mit „stimme teilweise zu" beantwortet haben, 2 Punkte und 1 Punkt für jede Frage, die Sie mit „stimme nicht zu" beantwortet haben.

Auswertung

23-30 Sie sehen sich als Opfer, das der Kontrolle über seine Zeit beraubt ist. Sie fühlen sich nicht ermächtigt, Ihre eigenen Prioritäten zu setzen oder zu bestimmen, wie die Zeit genutzt wird. Infolge dessen kommt Ihnen viel von Ihrer Zeit, wenn nicht gar die meiste Zeit, verschwendet vor.

17-22 Sie gehen mit den Ansprüchen Ihrer Zeit wohl eher zwiespältig um. Sie akzeptieren die Tatsache, dass man im Leben Kompromisse machen muss und haben Ihr Leben aus Notwendigkeit und Trägheit kompromittiert.

10-16 Sie haben einen gesunden Blick für die Nutzung Ihrer Zeit und die Einhaltung von Prioritäten. Sie bewahren ein gesundes Gleichgewicht zwischen Arbeit und Spiel.

Manche Menschen scheinen sehr viel mehr zu schaffen als andere. Das liegt aber nicht daran, dass sie mehr Zeit hätten, sondern das liegt daran, dass sie ihre Zeit geschickter managen. Das Zeitmanagement wird sich positiv auf Ihre Tagesleistung, auf Ihre Karriere, auf Ihre finanziellen Ziele und letztlich auf Ihren Erfolg auswirken.

EIN PAAR ZAHLEN

DIE VERGEUDETE STUNDE

Ein Manager, der 75.000 Dollar im Jahr verdient und der wegen mangelnder Organisation nur eine Stunde am Tag vertrödelt, kostet seinen Arbeitgeber gut 9.000 Dollar im Jahr. Nach dieser Formel kosten vergleichbare Zeitverschwender ihr Unternehmen folgende Summen:

Gehalt	Verlorener jährlicher Ertrag
45.000 US-$	5.625 US-$
55.000 US-$	6.874 US-$
65.000 US-$	8.125 US-$
85.000 US-$	10.625 US-$

95.000 US-$	11.875 US-$
105.000 US-$	13.125 US-$
200.000 US-$	25.000 US-$

Wenn all diese Manager in dem gleichen Unternehmen arbeiten würden, dann würden sie die Bilanz des Unternehmens jedes Jahr um 81.294 Dollar schmälern.

Quelle: *The Organized Executive*, von Stephanie Winston (Warner Books, 2001)

„Zeit ist die Substanz unseres Lebens", schreibt Alexandra Stoddard in ihrem Buch *Time Alive*. Sie erklärt, dass wir in unserem Leben keine Zeit schöpfen, sondern „unser Leben in der Zeit schöpfen". Aber die Menschen haben nur allzu oft das Gefühl, dass ihnen die Zeit im Privat- wie im Berufsleben davonläuft. Sie haben das Gefühl, als hätten sie nur für ein Leben Zeit – für das private oder das berufliche – aber nicht für beide. Die Möglichkeit, seiner Zeit mehr Bedeutung zu verleihen oder sie produktiver zu machen, liegt nicht in dem Versuch, seine Tage zu beschleunigen oder zu verlangsamen. Was den Unterschied ausmacht ist die Entscheidung, was man in den Zeitrahmen tut, die uns alle beschränken. Nutzen Sie die Zeit, die Ihnen zur Verfügung steht, zu Ihrem Vorteil?

„Man kann erst daran denken, seine Zeit zu managen, wenn man weiß, wo sie hingeht."

– Peter F. Drucker

Manche Menschen scheinen mit einem natürlichen Verständnis für Zeitmanagement geboren zu sein. Zum Glück für uns andere kann man diese Fähigkeit aber auch lernen und entwickeln. Die führende Organisationsexpertin und Bestsellerautorin Stephanie Winston behauptet, dass hohe Führungskräfte und Vorstandsvorsitzende anscheinend einmalige Zeitmanagement- und Organisations-Fähigkeiten besitzen, die sie in die Lage versetzen, ihre Produktivität dramatisch zu steigern. Tatsächlich haben Menschen, die gut mit ihrer Zeit umgehen können, in mehreren entscheidenden Bereichen großes Geschick. Sie haben ein klares Bild von ihren umfassenden Zielen im Beruf und im Privatleben – langfristige, jährliche, monatliche, wöchentliche und tägliche Ziele. Sie können diese Ziele sehr gut in kleinere Einheiten aufspalten und sie wissen, wie man

DAS GROSSE GANZE

PRIORITÄTEN BEI DER ZIELSETZUNG

Michael Gerber, Autor von Business-Bestsellern, erklärt, dass berufliche Prioritäten unentbehrlicher Bestandteil eines erfolgreichen Unternehmens sind. Er meint, Manager sollten angemessene Ziele festlegen und dann konkret Zeit auf produktive Aufgaben verwenden, die zur Erreichung dieser Ziele beitragen.
Seine Bilanz: Verschwenden Sie keine Zeit mit Dingen, die nicht mehr Leben in Ihr Unternehmen bringen.

Quelle: *The E-Myth Revisited* von Michael E. Gerber (Collins 2005)

diese kleinen Einheiten in handlungsorientierte To-Do-Listen mit Aufgaben umwandelt. Und schließlich begreifen sie, dass man jeden Tag so viele Aufgaben wie möglich abhaken muss, wenn man langfristige und mittelfristige Ziele erreichen will.
Wie gut man seine Zeit managt, hängt letztlich von der persönlichen Motivation ab. Wie sehr sind Sie bereit, aus den

KERNPUNKTE

DIE GRUNDLAGEN DES ZIELMANAGEMENTS

Die Voraussetzung für Zeitmanagement ist das Setzen und Anstreben von Zielen. Dies sind die drei Grundlagen des Zielmanagements:

- **Langfristige Ziele** – Das sind die Zwecke, auf die Ihre Bemühungen gerichtet sind. Üblicherweise werden langfristige Ziele nach einem Jahr oder mehr erfüllt.
- **Zielvorgaben** – Das sind die Schritte, die für die Erreichung langfristiger Ziele erforderlich sind. Zielvorgaben werden üblicherweise innerhalb eines Monats oder mehr erfüllt.
- **Aufgaben** – Das ist die Reihe von täglichen und wöchentlichen Handlungen, die für die Erreichung der Zielvorgaben erforderlich sind.

Fehlern zu lernen, die Sie in der Vergangenheit bei der Verwendung Ihrer Zeit gemacht haben? Wie bereit sind Sie, die Dinge anzugehen, von denen Sie wissen, dass sie für die Zukunft wichtig sind? Die meisten Menschen wissen, was getan werden muss; sie wissen sogar, wie man es macht. Sie haben bloß in dem Moment, in dem sie Entscheidungen über die Verwendung ihrer Zeit treffen, nicht die richtigen Prioritäten. Wenn Sie in der Gegenwart effizienter sind, erreichen Sie eher die Zukunft Ihrer Träume. Aber zuerst müssen Sie sich motivieren, einen Teil Ihres Denkens und Ihrer Gewohnheiten zu ändern.

ZEIT UND ZIELE MANAGEN

In gewissem Sinne ist Zeitmanagement auch Zielmanagement. Wenn man weiß, was man in der Zukunft erreichen will, kann man sich überlegen, wie man seine Zeit einsetzt, um dorthin zu gelangen. Damit man die richtigen Dinge erledigt – also damit man auf der Arbeit und im Leben dorthin kommt, wo man hin will – muss man die täglichen Handlungen und die langfristigen Ziele aufeinander abstimmen. Der erste Schritt besteht somit darin, langfristige Ziele zu setzen und dafür zu sorgen, dass die Zielvorgaben und die täglichen Handlungen die langfristigen Ziele fördern.

ZIELE

Ein Ziel ist ein Zweck, auf den man seine Bemühungen richtet. Es könnte zum Beispiel ein Ziel sein, den Umsatz des Unternehmens um 15 Prozent zu steigern. Eine Fußball-

DOS & DON'TS

MOTIVIERT BLEIBEN

Wenn Sie versuchen, Ihr Zeitmanagement zu verbessern, müssen Sie Ihre Energie und Ihre Motivation auf hohem Niveau halten. Damit Sie den Schwung nicht verlieren, können Sie Folgendes tun:

- Schreiben Sie Ihre Ziele auf und bringen Sie sie an einem auffälligen Ort an, an dem Sie sie regelmäßig sehen.
- Erinnern Sie sich daran, was Sie letztlich erreichen wollen. Verlieren Sie sozusagen den Pokal nicht aus den Augen.
- Vergessen Sie nicht, warum Sie tun, was Sie tun.
- Arbeiten Sie mit einem Teammitglied zusammen, das im Hinblick auf Ihre Fortschritte ehrlich zu Ihnen ist – und Ihre Bemühungen honoriert.
- Feiern Sie es und belohnen Sie sich, wenn Zielvorgaben erfüllt und Ziele erreicht sind.

mannschaft könnte das Ziel haben, in diesem Jahr Meister zu werden. Es könnte auch ein Ziel sein, seinen Abschluss als MBA zu machen.

KERNPUNKTE

ZIELGRUNDLAGEN

Ein Ziel ist ein Zweck, auf den man seine Bemühungen richtet

- Ziele sollten konkret und messbar sein.
- Effektive Ziele sind ehrgeizig, aber nicht unerreichbar.
- Sie müssen für die Erfüllung des Ziels unbedingt ein vernünftiges Maß an Zeit vorsehen.
- Damit Sie Ihre Ziele wirklich erreichen, spalten Sie sie in Zielvorgaben und Aufgaben auf.

Ziele setzen ist eine Kunst. Die effektivsten Ziele sind konkret, messbar und nach Möglichkeit motivierend. Wenn ein Ziel zu vage ist – zum Beispiel der Beschluss, seine Firma zum „besten Unternehmen der Welt" zu machen –, kann man die Fortschritte in Richtung des Ziels nicht messen und nicht einmal wissen, ob man das Ziel erreicht hat oder nicht. Bedeutet „bestes Unternehmen der Welt" vielleicht „mehr Umsatz als alle anderen" oder „mehr Ertrag pro Umsatz als alle anderen Unternehmen"? Bedeutet es vielleicht, dass Ihre Mitarbeiter-Verbleibquote die höchste aller Firmen in Ihrem Bereich ist? Wenn das Ziel, das Sie formuliert haben, nicht messbar ist, machen Sie einen neuen Anlauf und definieren Sie es neu.

Außerdem ist ein wirksames Ziel ehrgeizig, aber nicht unerreichbar. Es ist beispielsweise nicht realistisch, in sechs Monaten MBA zu werden; man kann diesen Titel vernünftigerweise in zwei oder drei Jahren anstreben. Es ist essentiell, dass man für die Erfüllung der Ziele ein vernünftiges Maß an Zeit vorsieht. Nur wenn man sich eine klare und realistische Frist setzt, kann man entscheiden, wie man das Ziel am besten erreicht. Wie langfristig Sie ein Ziel definieren, ist bis zu einem gewissen Grad Ihre Sache: Geht es um ein Ziel, das Sie in fünf Jahren, in einem Jahr, in sechs Jahren oder in drei Monaten erreichen wollen?

Unabhängig vom gewählten Zeitrahmen spalten gute Zeitmanager ihre langfristigen Ziele in Zielvorgaben auf. Wenn Ihr langfristiges Ziel beispielsweise darin besteht, ein besonders komplexes Projekt innerhalb eines Jahres fertig zu stellen, besagen Ihre Zielvorgaben, was Sie im nächsten Monat, in den nächsten drei Monaten, in den nächsten sechs Monaten und so weiter tun müssen, damit Sie Ihr langfristiges Ziel erreichen.

Damit der effektive Zeitmanager diese Zielvorgaben erreicht, spaltet er sie noch weiter in Aufgaben auf – Dinge,

ÜBER DEN TELLERRAND

DIE BESTE ZEIT

Manche Zeiten sind für gewisse Aufgaben besser geeignet als andere. Wenn die Sonne über den Horizont steigt, steigt auch Ihr Blutdruck. Wenn der Blutdruck steigt, können Sie aufstehen und scheinen. Ihre Körpertemperatur steigt dann auch und Ihr Stoffwechsel bereitet sich mit Ihnen auf die Arbeit vor. Um die Mittagszeit treten die Leberenzyme in Aktion und verarbeiten Ihr Mittagessen. Nach dem Abendessen schüttet Ihre Zirbeldrüse Melatonin aus, das Hormon, das einen schläfrig macht. Sie müssen auf Ihre biologische Uhr achten und bestimmen, zu welcher Tageszeit Sie am besten Entscheidungen treffen, lieber keine Entscheidungen treffen, sich körperlich betätigen, am kreativsten denken und neue Informationen geistig verarbeiten.

Quelle: „Unwinding the Body Clock" von Dana Bauer, in: *Research Penn State* (7. Oktober 2004).

die kurzfristig getan werden müssen – in dieser Woche, an diesem Tag oder in dieser Stunde. Man bezeichnet die Aufteilung eines langfristigen Ziels in kleinere Segmente auch als „Chunking“ – die Aufteilung in kleinere Einheiten. Betrachten Sie ein Ziel wie eine große Tafel Schokolade. Es ist unmöglich, sich das ganze Ding in den Mund zu stopfen, selbst wenn das der erste Impuls sein sollte. Deshalb bricht man die Tafel in Stücke: erst in Hälften oder Viertel, und dann bricht man die einzelnen Rippen ab. Die meisten Menschen essen eine Rippe nach dem anderen – und es dauert gar nicht lange, dann ist die ganze Tafel verschwunden.

Es ist überaus wichtig und man darf auf keinen Fall vergessen, dass man von dem langfristigen Ziel nicht besessen sein darf – auch wenn man darüber nachdenkt, gegebenenfalls darüber spricht und sich vielleicht gelegentlich Notizen dazu macht. Das hilft einem nämlich, sich die Richtung ins Gedächtnis zu rufen, in die man sich bewegt, während man sich auf die einzelnen Portionen konzentriert, von denen man meint, dass sie einen dort hin bringen. Wenn man das letzliche Ziel im Hinterkopf hat, bekommen die Portionen, an denen man gerade arbeitet, einen gewissen „Geschmack“ und mehr Bedeutung, als sie andernfalls hätten.

Konzentrieren Sie sich immer auf die Umsetzung und auf das Handeln. Bewältigen Sie Ihre Aufgaben und Zielvorgaben, dann erlangen Sie das große Ziel exakt dort, wo Sie es erreichen sollten. Wenn Ihre Zielsetzungen richtig ziehen, erreichen Sie auch Ihren Bestimmungsort, egal wie lang die Straße dorthin ist. Während Sie auf Ihre Ziele hinarbeiten, erinnern Sie sich an das orientalische Sprichwort, das so weise sagt: „Eine Reise von tausend Meilen beginnt mit einem einzelnen Schritt."

ZIELVORGABEN

Zielvorgaben sind kleinere Ziele, die erfüllt werden müssen, damit ein langfristiges Ziel erreicht wird. Die Fußballmannschaft, die in die Endrunde für die Meisterschaft (das Ziel) kommen will, muss beispielsweise während der Saison genug Spiele gewinnen. Die Zielvorgabe besteht darin, jedes Spiel zu gewinnen. Wenn sie genügend Spiele gewinnt – also ihre Zielvorgaben während der Saison erfüllt –, erreicht sie ihr langfristiges Ziel, also die Endrunde. Die Erreichung von Zielvorgaben bringt einen der Erreichung der langfristigen Ziele näher.

> „Sagen Sie nicht, Sie hätten nicht genug Zeit. Sie haben genauso viele Stunden am Tag, wie Helen Keller, Pasteur, Michelangelo, Mutter Teresa. Leonardo da Vinci, Thomas Jefferson und Albert Einstein hatten."
>
> –H. Jackson Brown, Autor von *Gedanken zu einem positiven Leben*

KERNPUNKTE

ZIELGRUNDLAGEN

Ziele sind Schritte auf dem Weg zur Erreichung eines langfristigen Ziels.

- Die Nichterfüllung von Zielvorgaben gefährdet das langfristige Ziel.
- Die Erreichung von Zielvorgaben erzeugt Selbstvertrauen und Zuversicht.
- Wenn Zielvorgaben pünktlich erreicht werden, wird der Zeitplan für die Erreichung des langfristigen Ziels eingehalten.

Wenn Sie für die Leistung anderer Menschen in Ihrer Abteilung oder Ihrem Arbeitsbereich verantwortlich sind, müssen Sie sicher stellen, dass Ihre Mitarbeiter die langfristigen Ziele verstehen, auf die alle hinarbeiten. Erklären Sie ihnen dann, wie die Zielvorgaben, die Sie für jeden Mitarbeiter gesetzt haben, zu der Erreichung der langfristigen Ziele beitragen. Wenn Sie erklären, wie sich die Zielvorgaben in das Gesamtbild fügen, verleihen Sie der Arbeit jedes Mitarbeiters Sinn und Zweck.

Seien Sie bei der Überwachung der Fortschritte Ihrer Mitarbeiter in Richtung Zielvorgaben nicht zu streng. Wenn jemand souverän seine monatlichen Umsatz- oder Produktionsziele schafft, sagen Sie ihm nicht: „Das war großartig. Und jetzt machen Sie noch zwölf solche Wochen." Der Druck und die Messlatte könnten damit zu hoch sein, sodass die betreffende Person emotional aussteigt. Besser ist es, den Mitarbeiter schrittweise zu motivieren. Sagen Sie lieber: „Versuchen wir, diese Zahlen nächsten Monat wieder zu schaffen."

AUFGABEN

Die Erreichung von Zielvorgaben erfordert eine Reihe von Handlungen oder Aufgaben. Aufgaben sind die konkretesten Schritte, die für die Erfüllung einer Zielvorgabe und somit eines langfristigen Ziels nötig sind. Die Zeit für die Erledigung einer Aufgabe kann zwischen ein paar Stunden und ein paar Wochen liegen.

Damit eine Fußballmannschaft Spiele gewinnt (Zielvorgaben) und in die Endrunde kommt (das Ziel), müssen die Mitglieder der Mannschaft vor jedem Spiel trainieren, die Aufstellung durchgehen und die passende Strategie besprechen. Ob die Mannschaft einen Platz in der Endrunde

DAS GROSSE GANZE

ES LIEGT BEI IHNEN

Der Einzige, der entscheiden kann, ob sie Ihre Zeit produktiv nutzen, sind Sie. Fragen Sie sich selbst: Erreichen Sie mit Ihrer Verwendung der Zeit das, was Sie für sich und Ihre Familie wollen? Wenn Sie das bejahen, managen Sie Ihre Zeit gut. Aber wenn Sie immer wieder in hektische Aktivität verfallen, müssen Sie Ihren Umgang mit Zeit überdenken und lernen, sie effizienter zu nutzen.

bekommt, hängt davon ab, wie gut die Mitglieder der Mannschaft diese Aufgaben erledigen. Aufgaben sind Handlungen, die man erledigen und abhaken kann. Sie geben den Zielvorgaben und schließlich auch den Zielen die nötige „Bodenhaftung". Ohne Aufgaben drehen die Räder durch. Aufgaben tragen dazu bei, dass die Reifen auf dem Asphalt greifen und sich vorwärts bewegen.

Wenn Ziele überwältigend oder einschüchternd wirken, spaltet man sie in Zielvorgaben auf. Wenn einem Zielvorgaben Furcht einflößen, spaltet man sie in Aufgaben auf.

KERNPUNKTE

AUFGABENGRUNDLAGEN

Aufgaben sind zwar die kleinsten Einheiten des Zeitmanagements, aber sie führen direkt zur erfolgreichen Erfüllung größerer Ziele.

- Aufgaben sind für die Erreichung langfristiger Ziele entscheidend.
- Aufgaben können in wenigen Minuten, Stunden oder Tagen erledigt werden.
- Aufgaben müssen genauso ernst genommen werden wie größere Zielvorgaben und Ziele.
- Aufgaben, die einschüchternd wirken, müssen in kleinere Handlungspunkte aufgeteilt werden.

Wenn eine Aufgabe so zeitaufwändig oder komplex erscheint, dass sie nicht auf einmal erledigt werden kann, überlegen Sie, wie Sie sie in „Handlungspunkte" aufspalten können – Punkte, die normalerweise innerhalb von Stunden oder an einem Tag erledigt werden können.

Ignorieren oder unterschätzen Sie die Bedeutung von Aufgaben nicht, nur weil sie klein sind. Wenn Sie auf jeden Fall alle Aufgaben des Tages erledigen, ergibt sich das Gesamtbild von alleine. Wenn Sie sich sagen, dass Sie eine Aufgabe oder eine bestimmte Anzahl von Aufgaben bis zehn Uhr erledigt haben wollen und Sie schaffen das, dann ist das ein befriedigendes Gefühl. Sie fühlen sich dann der Erreichung Ihrer Zielvorgaben und Ihres endgültigen Ziels viel näher, und das ist ein ganz eigenes ermutigendes Gefühl.

PRIORITÄTEN SETZEN

In der heutigen komplexen Geschäftswelt kann man nicht warten, bis man ein langfristiges Ziel erreicht hat, und dann sauber zum nächsten übergehen. Man muss jeden Tag an kurzfristigen Aufgaben arbeiten, die mit mehreren langfristigen Zielen und Zielvorgaben zu tun haben. Und wie entscheiden Sie, was Sie zuerst machen? Sie setzen Prioritäten.

Aber wie entscheidet man, welche Aufgaben Priorität vor anderen genießen? Welche Aufgaben sollen als erste, zweite, dritte und so weiter erledigt werden? Im ersten Schritt muss man sich eindeutig klar machen, was zu jeder Aufgabe gehört; dazu stellt man sich Fragen – wer, was, wann, wo, warum und wie.

UNTERM STRICH

EFFIZIENT ODER EFFEKTIV?

Man kann effizient sein, ohne effektiv zu sein. Anders gesagt kann man tätig sein, ohne sich auf seine Ziele zuzubewegen. Um festzustellen, ob Sie Ihre Zeit klug einsetzen, beantworten Sie folgende Fragen: „Bin ich nur bei unwichtigen Arbeiten effizient? Beschäftige ich mich einfach nur mit Dingen oder erledige ich Dinge?" Damit Sie sowohl effizient als auch effektiv sind, müssen Sie unbedingt den Aufgaben die richtigen Prioritäten zuweisen und die meiste Aufmerksamkeit denjenigen Dingen widmen, die Ihnen bei der Erreichung der Ziele helfen. Diese Zeit ist gut genutzt.

Wer? Wer braucht die Erledigung der Aufgabe – Ihr Chef, ein Kunde, ein Kollege oder ein Untergebener? Wer führt die Aufgabe durch? Wer hat davon einen Nutzen? Ist sich die Person, die die Erledigung der Aufgabe von Ihnen verlangt, über die Ansprüche im Klaren, die sie an Ihre Zeit und Ihre Energie stellt?

DOS & DON'TS

TIPPS ZU PRIORITÄTEN

Wenn es Ihnen schwer fällt, Ihr Arbeitspensum in einer vernünftigen Zeit zu bewältigen, ist es vielleicht Zeit, die folgenden Tipps zu bedenken. Wenn man sie regelmäßig befolgt, werden endlose Aufgabenlisten machbarer.

- Stellen Sie sich die Grundfragen: Wer, was, wann, wo, warum und wie.
- Machen Sie Listen und halten Sie sich daran. Laut Experten gehören Listen zu den wirksamsten Werkzeugen des Zeitmanagements.
- Geben Sie sich für notwendige Aufgaben mehr Zeit, als Sie Ihrer Meinung nach dafür benötigen.
- Lassen Sie sich die Aufgabenliste nicht von Ablenkungen sabotieren.
- Vergessen Sie nicht, Zeitfresser wie Email und Anrufe zu berücksichtigen.
- Tappen Sie nicht in Zeitfallen wie privates Surfen im Internet oder zu viele Gespräche mit Kollegen.

ACHTUNG!

ANZEICHEN FÜR SCHLECHTES ZEITMANAGEMENT

Wenn sich ein Arbeitsplatz ständig im Alarmzustand befindet, liegt das gewöhnlich an schlechtem Zeitmanagement. Berücksichtigen Sie bei Ihrer Zeitplanung unbedingt die Möglichkeit, dass andere chaotisch arbeiten. Symptome:

- Ständige Bitten in letzter Minute, Projekte anzufangen oder abzuschließen.
- Erschöpfte Mitarbeiter.
- Aufgelöste und aufgebrachte Chefs.

Was? Was genau müssen Sie tun? Hat das einen Wert für das große Ganze? Rechtfertigt der Nutzen, den die erledigte Aufgabe bringt, die Investition Ihrer Zeit, Ihrer Energie und Ihrer Ressourcen?
Wann? Bis zu welchem Zeitpunkt müssen Sie Ihre Aufgabe erledigt haben? Haben Sie noch Zeit, das Verlangen anzupassen? Der ehemalige Präsident Eisenhower hat einmal erklärt, dass wahrhaft wichtige Dinge selten dringend sind

DIE EINZELNEN SCHRITTE

DIE ZEIT BESSER MANAGEN

Langfristige Ziele aufstellen

- → Zielvorgaben setzen
- → Eine Liste der zu erledigenden Aufgaben erstellen
- → Handeln
- → Täglich wiederholen

und dass dringende Dinge selten wichtig sind. Unwichtige Dinge werden normalerweise wegen schlechter Planung dringend. Denken Sie an Ihre Prioritäten, wenn Sie neue Arbeit annehmen.

Wo? Gibt es irgendwelche geographischen Differenzen, die sich auf die zeitliche Gestaltung der Ihnen zugeteilten Aufgabe auswirken? Müssen beispielsweise unterschiedliche Zeitzonen berücksichtigt werden? Falls Sie mit jemandem in einem anderen Büro, einem anderen Bundesstaat oder einem anderen Land zusammenarbeiten, müssen Sie dann die Zeit berücksichtigen, die die Übermittlung von

Informationen oder Dokumenten zwischen den beiden Orten braucht?
Warum? Warum wurden Sie gebeten, diese Aufgabe zu erledigen? Warum ist sie im Zusammenhang mit den langfristigen Zielen nötig? Wenn man das große Ganze versteht, kann man sich besser auf das Wesentliche konzentrieren und besser Prioritäten setzen.
Wie? Wie sollten Sie die Aufgabe erledigen? Wie wird die erledigte Aufgabe dann gemessen oder bewertet? „Wie“ etwas gemacht werden muss, wirkt sich auf Zeitmanagement-Entscheidungen sowie auf Qualität und Kosten der Aufgabe enorm stark aus.

„Wir sind vielleicht produktiver als je eine Generation in der Geschichte. Wir haben heute Werkzeuge – technische, strategische und persönliche –, die unsere Bemühungen fördern, unsere Zeit zu managen, unsere Effizienz zu steigern und unser Leben besser zu managen.“

–Marc Mancini, Autor von *Time Management*.

LISTEN ERSTELLEN

Sie haben diesen Rat schon tausendmal gehört: „Schreib es auf." Trotzdem versuchen Sie immer noch, Dinge in

ÜBER DEN TELLERRAND

DER COMPUTER ALS RETTER

Der Computer und das Digitalzeitalter haben uns die Möglichkeit gegeben, mehr zu schaffen – und zu überwachen – als je zuvor. Es hat einige Vorteile, seine Listen mithilfe der Technik zu verwalten:

- Auf dem Computer kann man Listen viel schneller auf den neuesten Stand bringen als auf Papier.
- Da Sie wissen, wo die Liste ist, brauchen Sie nicht lange danach zu suchen.
- Bei Bedarf kann man auf gespeicherte alte Listen zurückgreifen.
- Sie können sich per Email daran erinnern lassen, dass etwas fällig ist – das geht mit vielen Programmen.
- Wenn die Listen digital geführt werden, kann man sie problemlos mit anderen teilen.

DOS & DON'TS

DIE KUNST DER LISTE

Wenn mehr ansteht, als Sie meinen bewältigen zu können, ist die Erstellung einer Liste der wichtigste Schritt des Planungsprozesses. Wenn Sie schriftliche Aufzeichnungen haben, können Sie alles vor sich sehen.

- Schreiben Sie die Dinge auf.
- Versuchen Sie sich an wichtige Notizen nicht nur aus dem Gedächtnis zu erinnern. Schreiben Sie sie auf ein Stück Papier, auf das Sie später zurückgreifen können.
- Schreiben Sie Ihre Aufgaben in der Reihenfolge ihrer Priorität auf. Erledigen Sie zuerst die dringendsten Aufgaben und dann andere wesentliche, aber weniger wichtige Aufgaben.
- Benutzen Sie Ihre Liste als Bezugsrahmen, wenn neue Aufgaben auf Sie zukommen. Sie bekommen dann eine gute Vorstellung davon, wie viel Zeit Sie ihnen zuweisen können.
- Lassen Sie sich von einer scheinbar endlosen Liste nicht lähmen.

- Benutzen Sie für die Aufstellung von Zeitplänen Programme wie Microsoft Office, die Sie per Email freundlich an eine bald fällige Frist erinnern.
- Bewahren Sie Ihre Liste an einem bestimmten Ort auf, damit Sie und andere leicht darauf zugreifen können.
- Vergessen Sie nicht, erledigte Aufgaben aus der Liste zu streichen, damit sie nicht die Liste der noch zu erledigenden Aufgaben verstopfen.

Ihrem Kopf mit sich herumzutragen. Beschäftigte, gestresste Manager bilden eine Klasse für sich, was die Anzahl der wichtigen Einzelheiten oder Handlungspunkte angeht, die sie parat haben müssen. Das bringt der Beruf eben mit sich.

Dinge schriftlich festzuhalten hat einen überraschenden Vorteil, außer dass einem das hilft, sich an wichtige Informationen zu erinnern. Wenn Sie Ihre Erledigen-Liste aufgeschrieben haben, ist es nämlich wahrscheinlicher, dass Sie ein plötzliches Aha-Erlebnis haben; Sie wissen, wie Sie die Aufgaben am besten erledigen und in welcher Reihenfolge Sie bestimmte Dinge tun sollten. Dadurch können Sie in weniger Zeit mehr tun.

KERNPUNKTE

DIE VORTEILE VON LISTEN

Es hat viele zeitsparende Vorteile, die zu erledigenden Dinge als To-Do-Liste aufzuschreiben, unter anderem:

- Prioritäten setzen; was ist am dringendsten, am zweitdringendsten und so weiter.
- Anderen Menschen zeigen, was Sie tun und wie Sie Ihre Zeit verbringen.
- Sich fortgesetzt auf die wichtigsten Aufgaben konzentrieren.
- Eine sichtbare Erinnerung an Ihre langfristigen Ziele.

Laut vielen Experten für Zeitmanagement ist das Aufschreiben von Aufgaben der Schlüssel zum effektiven Zeitmanagement. Listen helfen Ihnen, Ihre Ziele, Zielvorgaben und Aufgaben zu organisieren. Effektives Zeitmanagement bedeutet nicht, um jeden Preis Zeit zu sparen, sondern eher dass man die verfügbare Zeit effektiv nutzt.

Listen wirken auf vielen Ebenen. Zunächst einmal motivieren sie sehr gut. Experten für Zeitmanagement wissen, dass die meisten Menschen fast nichts so sehr motiviert wie das Streichen von Punkten auf einer To-Do-Liste. Zweitens verbessern Listen die Ergebnisse. Ohne Liste kann man leicht die vielen kleinen Aufgaben vergessen, die erledigt werden müssen, damit eine Zielvorgabe erreicht wird.

Und schließlich vermitteln einem Listen ein Gefühl der Kontrolle. Wenn es ein sorgfältig geplantes strategisches Programm gibt, haben die Menschen einen Zeit-Fahrplan. Und was noch wichtiger ist: Das Erstellen von Listen zwingt einen, Entscheidungen über die Verwendung der Zeit zu treffen. Im besten Fall basiert eine Liste auf den Prioritäten, auf der relativen Wichtigkeit und Dringlichkeit der zu erledigenden Dinge. Wenn Sie sich fragen, was Sie am besten mit dem „Jetzt" anfangen, schauen Sie auf die Liste. Wenn sie solide und vollständig ist, liegt die Antwort direkt vor Ihnen.

Wenn Sie eine gute Liste haben, brauchen Sie nie spontan Ihre Prioritäten umzusortieren. Sie brauchen dann in Krisenzeiten keine Pläne zu formulieren. Die Erstellung von Listen organisiert auch Ihr Denken, was für effektives Zeitmanagement äußerst wichtig ist. Zerstreutes Denken verschwendet Zeit.

Laut Expertenaussage ist organisiertes Denken außerdem das kreativste und innovativste Denken. Diane Deacon, die Präsidentin der Creative Thinking Association of America, und Mike Vance, Mitbegründer dieser Organisation und

PLAN B

BLEIBEN SIE KONZENTRIERT

Wenn Sie unter den Ansprüchen anderer Menschen an Ihre Zeit ächzen, können Sie Ihre Ziele aus den Augen verlieren und sie völlig zum Entgleisen bringen. Lassen Sie sich nicht ablenken, weil Sie sich um alles und jeden um Sie herum kümmern. Erinnern Sie sich daran, was für Sie wichtig ist und was Ihre Arbeit ist. Ihre Zeit gehört in erster Linie und vor allem Ihnen. Wenn Sie nicht aufpassen, können die Angelegenheiten anderer Menschen Sie derart auffressen, dass Sie keine Zeit mehr für die Erreichung Ihrer eigenen Ziele haben.

Quelle: *Time for Me* von Helene Lerner (Sourcebooks 2005).

erster Dekan der Disney University – der legendären Ausbildungsorganisation innerhalb der Walt Disney Company – lassen den Mythos platzen, dass Kreativität angeblich aus Chaos und Unordnung entsteht. Im Gegenteil, so argumentieren sie: Organisiertheit und wohl geordnetes Zeitmanagement eröffnen Raum und Zeit für Kreativität.

KERNPUNKTE

VERWALTEN SIE IHRE LISTEN

Eine Liste zu erledigender Aufgaben zu erstellen ist die eine Sache, aber sie effektiv zu verwalten eine ganz andere. Damit Ihre Liste möglichst viel bringt, befolgen Sie folgende Empfehlungen:

- Sortieren Sie Ihre Aufgaben nach Wichtigkeit und Dringlichkeit.
- Stellen Sie die Liste um, wenn sich Prioritäten ändern oder verschieben.
- Arbeiten Sie die Liste ab, indem Sie die oberste Aufgabe erledigen und dann zu der nächsten übergehen.
- Räumen Sie die Liste täglich auf und stellen Sie sie um, bevor Sie das Büro verlassen.
- Gehen Sie fröhlich an Ihre Aufgaben heran, sodass jede Ihre Zeit wert ist.

Listen sorgen aber nicht nur dafür, dass man organisiert ist, sondern sie erinnern einen auch ständig daran, woran

PLAN B

ORGANISATION UND KREATIVITÄT

Viele Menschen glauben, wenn man organisiert und strukturiert arbeitet, würde man ein starres Umfeld schaffen, das Kreativität und schöpferische Impulse erstickt.
Laut den Autoren Mike Vance und Diane Deacon ist dem aber nicht so. Kreativität erblüht eher nicht in einem unorganisierten Umfeld. In diesem Punkt irren sich viele Teamleiter und Projektteams. Sie gehen unstrukturiert an Projekte heran, weil sie hoffen, dann würden Kreativität und Innovation sprießen – werden aber nur enttäuscht.
Kreativität, Innovation und große Ergebnisse entstehen eher in organisierten Umgebungen. Zum Beispiel benutzen die „Imagineers" bei Walt Disney „dargestelltes Denken" – lebensgroße Storyboards bedecken ganze Wände; sie zeigen Ideen, stellen Verbindungen zwischen Ideen her und fangen neue Ideen ein, die aus älteren entspringen. Das wäre alles nicht möglich, wenn man die Ideen nicht zuerst organisieren würde.

Quelle: *Think Out of the Box* von Mike Vance und Diane Deacon (Career Press 1995).

DAS GROSSE GANZE

NICHT EINFACH ZEIT SPAREN – ZEIT MANAGEN

Auf Ihrer To-Do-Liste gibt es nichts, was sich mit einer professionellen Einstellung nicht erledigen ließe. Ihr Motto sollte lauten: „Hervorragende Leistungen überall und in allen Dingen." Anders ausgedrückt: Wenn etwas auf Ihrer Liste es nicht wert ist, mit Begeisterung getan zu werden, warum tun Sie es dann überhaupt? Mit einer positiven Einstellung scheint die Zeit schneller zu vergehen. Also warum treffen Sie nicht die Zeitmanagement-Entscheidung, dass alle Zeit – auch die Zeit, die Sie mit banalen Aufgaben verbringen – „Qualitätszeit" ist? Das ist Zeit, in der Sie gute Arbeit leisten, und zwar mit einer positiven Einstellung.

man gerade arbeitet; und man kann damit Kollegen leichter vermitteln, worum man sich bemüht. Das soll nicht heißen, dass Sie alle Ihre Listen im Büro aufhängen sollten – auch wenn gemeinsame elektronische Kalender im Computer und Listen für ganze Teams und Abteilungen immer beliebter werden –, aber wenn ein Vorgesetzer oder ein Kollege zusätzliche Ansprüche an Ihre Zeit stellen will, hilft die Konsultation der To-Do-Liste bei der Angabe eines vernünftigen und realistischen Zeitpunkts für die Fertigstellung der Aufgabe. Sie brauchen dann nicht zu schätzen. Sie können Ihrer Chefin zwar nicht sagen, sie soll ihre Prioritäten ändern, aber Sie haben schnell eine Antwort zur Hand, wenn sie fragt, ob Sie beschäftigt sind oder helfen können: „Werfen wir einmal einen Blick auf meine To-Do-Liste und sehen wir, was sich machen lässt." So vermeidet man auch eine der frustrierendsten Situationen der Berufswelt – dass man mit Arbeit zugeschüttet wird, ohne dass jemand anders das merkt.

„Hoch produktive Menschen wissen genau, woran sie in der verfügbaren Zeit arbeiten sollen. Sie teilen Projekte in handliche Stücke auf, sodass sich ihr kurzfristiges Handeln in langfristigen Erfolg verwandelt."

Laura Stack, Autorin von *Leave the Office Earlier*

WIE MAN EINE LISTE ERSTELLT

Man kann eine Liste einfach auf ein Blatt Papier schreiben und die Punkte durchnummerieren, oder man kann dafür ein Computerprogramm benutzen. Mit Programmen wie zum Beispiel Outlook aus der Microsoft Office Suite kann man Handlungspunkte eingeben und sich per Email an anstehende Aufgaben erinnern lassen. Es gibt Dutzende von Softwareprogrammen für Kalender, Zeitmanagement, Projektmanagement, für die Verwaltung persönlicher Informationen und für Kundenkontakte, mit denen man Listen erstellen und verwalten kann, Prioritäten setzen und verschiedene Erinnerungs- und Alarmeinstellungen treffen kann. Die Menschen in der IT-Abteilung Ihres Unternehmens können Ihnen helfen, die nützlichsten Werkzeuge zu finden.

Manche Menschen kritzeln ihre Listen am liebsten auf große gelbe Blöcke. Andere drucken sie aus oder übertragen sie in Handheld-Geräte. Die meisten computerisierten oder vorgedruckten To-Do-Listen verlangen eine Zeitangabe für die eingetragene Aufgabe. Sie fragen anders gesagt nach dem Zeitrahmen beziehungsweise nach der Frist. Außerdem sind meistens Felder für besondere Anmerkungen vorgesehen. Wenn Sie selbst eine To-Do-Liste erstellen, machen Sie einfach drei Spalten: „Aufgabe“, „Fällig am“ und „Bemerkungen“. Das ist so ziemlich alles, was Sie brauchen.

UNTERM STRICH

UNERLEDIGT

Wenn Sie beschlossen haben, Ihre Zeit besser zu managen, fangen Sie mit einer Liste Ihrer unerledigten Angelegenheiten an. Schreiben Sie alle ausstehenden Punkte auf – alles was in Ihrem Gehirn herumschwirrt, was Sie noch erledigen wollen –, auch wenn mehr als hundert Punkte zusammenkommen: Kleider von der Reinigung abholen, alte Ordner aufräumen, neue Ideen erkunden und so weiter.

Die meisten Menschen fühlen sich von der schieren Menge der Punkte auf einer solchen Liste überwältigt – manchmal sind es so viele, dass man Superman sein müsste, um sie alle zu schaffen. Der erste Schritt besteht darin zu akzeptieren, dass manche Punkte ohne Hilfe niemals erledigt werden können. Im zweiten Schritt setzen Sie Prioritäten und Fristen. Und schließlich … tun Sie es einfach.

Quelle: *Get Organized* von Ron Fry (Thomson Delmar Learning 2004).

Visuell orientierte Manager benutzen manchmal eine abwischbare Tafel und haben ihre Liste immer im Blick.

So kann man sie leicht aktualisieren, man kann die wichtigsten Punkte rot anstreichen, man kann schnell reagieren, wenn jemand Fragen zum Zeitplan stellt, und vor allen Dingen kann man erledigte Aufgaben richtig durchstreichen – ein sichtbares Zeichen, dass man etwas schafft und dass man vorwärts kommt.

Das Wichtigste ist, dass man seine Liste – ob auf Papier oder elektronisch – an einem bestimmten Ort aufbewahrt. Man will ja keine Zeit mit der Suche nach der Zeitmanagement-Liste verschwenden! Notizen auf der Rückseite von Umschlägen, die irgendwo in der Tasche verschwinden, sind kein gutes System. Listen auf losen Blättern, die irgendwo auf dem Schreibtisch untergehen oder gar versehentlich weggeworfen werden, sind auch kein gutes System.

Die Tagesplaner von Franklin Covey und andere Zeitmanagement-Produkte wie zum Beispiel Day-Timer sind großartige Organisationswerkzeuge, und das gilt für die meisten Taschenkalender. Wenn man To-Do-Listen in einem PDA oder im Handy führt, hat man jederzeit Zugriff darauf, man kann dann auch unterwegs organisieren, speichern und daran arbeiten.

Egal wo Sie Ihre Liste führen und welche Form sie annimmt – gewöhnen Sie sich an, sie sich oft anzusehen. Schauen Sie morgens als Erstes auf die Liste, schauen Sie zu jeder vollen Stunde darauf und – dazu fordern fast alle

Zeitmanagement-Kurse dringend auf – schauen Sie sie an, bevor Sie abends nach Hause gehen, wenn die Arbeit in Ihrem Kopf noch den ersten Platz einnimmt.
Bringen Sie sie jedes Mal auf den neuesten Stand, ergänzen Sie sie und weisen Sie nicht erledigten Aufgaben neue Prioritäten zu. Räumen Sie abends die Liste auf, indem Sie die erledigten Aufgaben streichen. Dann schreiben Sie die Liste nach Prioritäten sortiert neu, vor allem wenn Sie Prioritäten geändert haben. Dann können Sie am nächsten Morgen gleich voll loslegen.

LISTEN UND PRIORITÄTEN VERWALTEN

Die meisten Zeitmanagement-Experten empfehlen, die zu erledigenden Punkte nach Priorität zu sortieren. Wenn Sie die Aufgaben auf der Liste einmal sortiert haben, ist es wichtig, dass Sie mit dem ersten Punkt anfangen – dem wichtigsten oder dringendsten – und erst zum nächsten Punkt übergehen, wenn der vorherige erledigt ist. Wenn Sie eine Liste haben, in der die Punkte in der richtigen Reihenfolge der Prioritäten sortiert sind, aber dann mit Nummer 5 oder 6 anfangen, benutzen Sie die Liste nicht effektiv. Häufig überspringen die Menschen die oberen Punkte, wenn sie sich von ihnen eingeschüchtert fühlen. Wenn das passiert, sind die Aufgaben nicht ausreichend in handliche

Stücke aufgeteilt; versuchen Sie sie in noch kleinere Portionen aufzuspalten. Denken Sie daran, dass die obersten Punkte auf der Liste die dringendsten sind. Vielleicht ist es klug, sie früh am Tag anzupacken, wenn Sie noch viel Energie und Ausdauer haben.

> „Jede Arbeit findet in der Zeit statt und verbraucht Zeit. Doch die meisten Menschen nehmen diese einmalige, unersetzliche und notwendige Ressource als gegeben hin. Vielleicht zeichnet den effektiven Manager nichts mehr aus als sein zärtlicher, liebevoller Umgang mit Zeit."
>
> – Peter F. Drucker

DIE VERWALTUNG DER VARIABLEN AUF DER LISTE

Sie wissen jetzt, dass Sie Ihre Aufgaben nach Priorität ordnen, auf eine To-Do-Liste schreiben, abhaken und zur nächsten kommen müssen. Aber die Setzung zeitlicher Prioritäten hat noch eine weitere Dimension: veränderliche

KERNPUNKTE

VARIABLEN BERÜCKSICHTIGEN

Ihre Fähigkeit, die Zeit effektiv zu managen, wird von allen möglichen Faktoren beeinflusst. Sie müssen auf alle gefasst und vorbereitet sein:

- Finanzielle Sorgen beruflicher und privater Natur.
- Frist-Prioritäten, die sich ändern, wenn Sie gerade nicht hinschauen.
- Probleme mit Kollegen oder Untergebenen.
- Verpflichtungen aus Pflichtgefühl oder zur Konfliktvermeidung.

Kontexte. Finanzielle Zwänge, Fristen, andere Projekte und andere Verpflichtungen wirken sich auf die Prioritäten aus. Wenn Sie auf schnelle, unerwartete Veränderungen gefasst sind, können Sie die Dinge leichter im Griff behalten, wenn sich die Prioritäten verschieben.

Finanzielle Prioritäten: Ihre finanziellen Prioritäten, die sich auf Sie und auf alle auswirken, die von Ihnen abhängen

– zu Hause und auf der Arbeit –, sind bei der Erstellung einer To-Do-Liste ein bedeutender Faktor. Wenn Ihr Unternehmen nicht finanziell erfolgreich ist, dann sind Sie es auch nicht. Die Aufgaben auf Ihrer To-Do-Liste müssen dem Aufbau finanzieller Stabilität für das Unternehmen Rechnung tragen. Wenn sich die Bedingungen ändern und wirtschaftliche Bedrohungen auftauchen, verlagern Sie den Schwerpunkt Ihrer Aufgaben so, dass sie zur Profitabilität des Unternehmens beitragen.

Frist-Prioritäten: Werden Ihre Entscheidungen hinsichtlich Ihrer Zeit von Fristen beeinflusst? Werden diese Fristen von außen auferlegt, sind sie selbst auferlegt oder beides? Stellen die Punkte auf Ihrer Liste Ihre Vorstellungen oder die von jemand anders dar? Wenn sich die Fristen dauernd ändern, weil jemand anders schlecht plant oder seine Projekte schwanken, handeln Sie neue Zeitrahmen aus, damit Ihnen niemand vorwerfen kann, Sie würden immer zu spät fertig werden. Bedenken Sie: Immer wenn Ihre Arbeit von Beiträgen und Anweisungen Dritter abhängt, ist Ihre Pünktlichkeit auch an deren Zeitmanagement gefesselt.

Äußere Einflüsse: Wie wirken sich Ihre Kollegen, Ihre Untergebenen und Ihre Kunden auf die To-Do-Liste aus? Wenn die Antwort lautet: „Mehr, als mir lieb ist“, dann sollten Sie noch einmal überdenken, wo Sie Ihre Zeit und

Energie am besten einsetzen können, um die Interessen des Unternehmens, der Kunden, Ihrer Karriere und anderer Menschen, die Ihnen etwas bedeuten, in ein Gleichgewicht zu bringen.

Nichts ... NICHTS! „ist leichter, als eine To-Do-Liste mit 50 Punkten zu schreiben. Wobei JEDER DER 50 PUNKTE wirklich von allerhöchster Wichtigkeit ist."

– Tom Peters, Management-Guru und Gründer von Tom Peters Company

„Wenn Sie erst aus dem Haus gehen, wenn alle Ampeln auf Grün stehen, treten Sie die Fahrt zur Spitze nie an."

–Zig Ziglar, Motivationsredner

DOS & DON'T S

ERLEDIGEN!

Nachdem Sie sich Ziele gesetzt und sie in machbare Zielvorgaben aufgeteilt haben, brauchen Sie nur noch die Einstellung, dass Sie die Dinge erledigen müssen; dann kommen Sie weiter.

- Packen Sie jeden Tag als Erstes die schwierigsten Punkte auf Ihrer To-Do-Liste an.
- Machen Sie mehrere Dinge gleichzeitig, wenn das nötig ist, um auf dem neuesten Stand der Aufgaben zu bleiben.
- Passen Sie nötigenfalls die Prioritäten an.
- Lassen Sie nicht zu, dass sich unerledigte Aufgaben ansammeln.
- Schieben Sie nichts auf; konzentrieren Sie sich darauf, wie gut es sich anfühlt, wenn man Aufgaben bewältigt hat, und stürzen Sie sich hinein.
- Investieren Sie Energie und Begeisterung in die Erledigung Ihrer Aufgaben.
- Schließen Sie einen Pakt mit sich selbst, dass Sie die To-Do-Liste durcharbeiten.

Prioritäten anderer Projekte: Wenn Sie zusätzlich zu Ihren beruflichen Zuständigkeiten noch ein anderes Projekt auf sich nehmen, zum Beispiel eine Wohltätigkeitskampagne oder ein Projekt mit einer Kirche, einem Tempel oder einer gemeindlichen Organisation, kann Sie das leicht überwältigen. Nehmen Sie eine Makro-Perspektive ein, damit Sie das große Ganze klar sehen können, und teilen Sie Ihre Zeit entsprechend ein. Egal wie groß und überwältigend das Projekt scheinen mag – sobald Sie es in einzelne Portionen aufteilen, ist es eher zu bewältigen.

Konflikte und Verpflichtungen: Wie viele von Ihren Prioritäten beruhen auf Verpflichtungen, die aus Schuldgefühlen, aus persönlichem Pflichtgefühl oder aus dem Wunsch nach Konfliktvermeidung resultieren? Die Erledigung solcher Aufgaben ist vielleicht nicht die beste Verwendung für Ihre Zeit. Auf Kosten des Zeitmanagements Konflikte zu vermeiden ist schlechte Politik. Haben Sie keine Angst, „nein" zu sagen. Wenn Sie erst einmal Ihre Prioritäten gesetzt haben, bleiben Sie standhaft, wenn andere sie entgegen Ihrem besseren Wissen ändern wollen.

ERLEDIGEN

Wenn ein Projekt wächst oder schrumpft, ist es sinnvoll, die Prioritäten flexibel zu gestalten. Wenn Sie Ziele und

Prioritäten aufstellen, machen Sie auch einen Plan B. Wie oft haben Sie beispielsweise schon Zeit verschwendet, weil Sie unnötigerweise mit etwas gekämpft haben, das hätte verschoben werden müssen? Wenn ein Punkt im oberen Bereich Ihrer Liste heute nicht erledigt werden kann, teilen Sie ihn entweder in kleinere Portionen auf oder setzen Sie ihn auf einen anderen Tag und gehen zum nächsten Punkt über. Aber gewöhnen Sie sich die Verschiebung von Aufgaben nicht an. Konzentrieren Sie sich lieber darauf, wie gut es sich anfühlt – und nicht wie anstrengend es ist –, Dinge zu erledigen, und stürzen Sie sich hinein.

Danny Cox rät in *Führungsqualität in Krisenzeiten*, dass man die erste Stunde des Tages zur produktivsten Stunde macht, indem man dann die schwierigsten Dinge angeht. Er empfiehlt außerdem, sich die Punkte auf der täglichen To-Do-Liste anzusehen und sie nach folgenden Kriterien nach Prioritäten zu ordnen:

Unbedingt heute machen: Punkte, die absolut erledigt werden müssen.

Möglichst heute machen: Punkte, die am besten erledigt werden sollten.

Wenn Zeit ist, heute machen: Punkte, die warten können, die aber erledigt werden sollten, wenn es die Zeit erlaubt.

Schieben Sie nichts auf. Wenn Sie einen Pakt mit sich selbst schließen, die To-Do-Liste durchzuarbeiten, fühlen Sie sich am Ende jedes Tages besser und produktiver. Sie haben dann keine Schuldgefühle, weil Sie schwierige Dinge auf einen anderen Tag verschoben haben. Bedenken Sie außerdem, dass sich die unerledigten stündlichen oder täglichen Aufgaben anhäufen. Bevor Sie es merken, stören unerledigte tägliche Aufgaben die wöchentlichen Zielvorgaben. Unfertige wöchentliche Zielvorgaben trüben das Fahrwasser zu den Zielen, die Sie erreichen wollen. Die Durchführung der sofort anfallenden Aufgaben bereitet die Bühne für die Ausführung der Zielvorgaben und der langfristigen Ziele. Die einzige Möglichkeit, Ziele zu erreichen, besteht in einzelnen kleinen Schritten. Sie müssen diese kleinen Schritte im Augenblick angehen. Deshalb hat das „Jetzt" die Priorität Nummer 1. Nutzen Sie es, oder es ist verloren.

2 Organisieren Sie Ihre Zeit

„Alles wird dringend,
wenn man nur lange genug wartet."

—Danny Cox, Autor von *Führungsqualität in Krisenzeiten*

Die effiziente Nutzung der Zeit kann komplett über Effektivität oder Ineffektivität entscheiden. Sie ergibt sich von allein, wenn man organisiert ist; so macht man aus seiner Zeit und seiner Energie das Meiste.

TESTFRAGEN ZUR SELBSTEINSCHÄTZUNG

IHR ORGANISATIONS-IQ

Lesen Sie die folgenden Aussagen und kreuzen Sie an, ob Sie zustimmen oder nicht zustimmen. Zählen Sie dann Ihre Punkte zusammen und lesen Sie die Wertung am Schluss.

1. Ich lasse Emails auflaufen.
   ○ Stimme zu ○ Stimme nicht zu

2. Die waagerechten Flächen in meinem Arbeitsbereich sind so mit Sachen bedeckt, dass kein Platz zum Arbeiten ist.
   ○ Stimme zu ○ Stimme nicht zu

3. Die Menschen sind genervt, weil ich nie Anrufe oder Emails beantworte.
   ○ Stimme zu ○ Stimme nicht zu

4. Ich pflege keine gesellschaftlichen Kontakte, weil ich weder die Zeit noch die Energie übrig habe, mich mit Menschen abzugeben.
   ○ Stimme zu ○ Stimme nicht zu

5. Ich habe stapelweise oder kistenweise Sachen, die ich durchgehe, „wenn ich mal dazu komme".
   ○ Stimme zu ○ Stimme nicht zu

6. Ich verschiebe Entscheidungen so lange, dass sie zu Notfällen werden.
   ○ Stimme zu ○ Stimme nicht zu

7. Ich habe so viele To-Do-Listen, dass ich nicht weiß, mit welcher ich anfangen soll.
   ○ Stimme zu ○ Stimme nicht zu

8. Ich fühle mich nicht wohl dabei, andere Menschen zu engagieren, damit sie etwas für mich erledigen.
   ○ Stimme zu ○ Stimme nicht zu

9. Ich werde derart mit Unterbrechungen gestört, dass ich nichts fertig bringe.
   ○ Stimme zu ○ Stimme nicht zu

10. Das Wirrwarr in meinem Leben ist so überwältigend, dass ich gar nicht weiß, wo ich mit Entwirren anfangen soll.
   ○ Stimme zu ○ Stimme nicht zu

Punktewertung

Geben Sie sich für jede Frage, die Sie mit „stimme zu" beantwortet haben, 1 Punkt, und für jede Frage, die Sie mit „stimme nicht zu" beantwortet haben, 0 Punkte.

Auswertung

0-3 Sie sind ein relativ organisierter Mensch. Sie gehen die Dinge direkt an, Sie wissen, wie man Unterbrechungen auf ein Minimum beschränkt, und haben effiziente Arbeitsroutinen.

4-7 Es gibt da ein paar Organisationsprobleme, denen Sie sich stellen sollten, aber die Erholung ist in Reichweite. Wahrscheinlich kommt die Desorganisation bei Ihnen je nach dem Druck, unter dem Sie stehen, in Wellen. Organisationstraining könnte Ihnen helfen.

8-10 Sie haben sich schon so an das Chaos gewöhnt, dass es Ihnen normal vorkommt. Fangen Sie an, die Prinzipien des vorliegenden Buches anzuwenden, sonst führt Ihr Leben Sie anstatt umgekehrt.

Quelle: *How to Get Organized* von Stephanie Culp (Writer's Digest Books 1986).

Manche Menschen sind höchst organisiert, aber viele Menschen werden von den Ansprüchen der Arbeit und anderer Menschen ins Chaos gezogen.
Tatsächlich sind sie schon so gewohnheitsmäßig desorganisiert, dass sie meinen, sie könnten die Zeit nicht investieren, die nötig wäre, um Ordnung in ihr Leben zu bringen, egal wie sehr sie Anleitung bräuchten.
Doch es ist gar nicht so schwer, wie es scheint, sich selbst und seine Zeit zu organisieren, und das beseitigt einen großen Teil des Stresses. Dazu gehört es, Systeme aufzubauen – konsistente Arten, Dinge zu tun. Systeme verwandeln Ihre täglichen, wöchentlichen, monatlichen und jährlichen Ziele, Zielvorgaben und Aufgaben in ein koordiniertes Ganzes. Sie sorgen für Konsistenz, und Konsistenz spart Zeit. Wenn Sie zum Beispiel ganz genau wissen, wie Sie sich morgens für die Arbeit fertig machen oder wie Sie die Emails abarbeiten, wenn Sie auf die Arbeit kommen, dann erledigen Sie diese Aufgaben in kürzerer Zeit und mit weniger Mühe, als wenn Sie das Rad täglich neu erfinden. Wenn Sie Systeme entwickeln – und sie dann beibehalten –, bringen Sie Ordnung in Ihren Tag.
Wenn Sie, wie in Kapitel 1 besprochen, Ihre Prioritäten identifiziert haben, müssen Sie so diszipliniert sein, dass Sie die Dinge tun, die die beste Verwendung Ihrer Zeit darstellen, und dass Sie „nein“ zu Dingen sagen, die dem

DAS GROSSE GANZE

ZEITSORTEN

Laut der Autorin Julie Morgenstern gibt es verschiedene „Sorten" von Zeit. Welche sind für Sie die wichtigsten?

- Arbeitszeit ist dem Geldverdienen gewidmet.
- Zeit für sich selbst lädt die Batterien auf und stellt das körperliche, geistige und emotionale Wohlbefinden wieder her.
- Zeit für die Familie erlaubt es, Beziehungen zu den wichtigsten Menschen in Ihrem Leben aufzubauen und zu erhalten.
- Beziehungszeit betrifft andere Menschen, die Ihnen wichtig sind – alte und neue Freunde, Projektkollegen aus Schule, Kirche oder Gemeindeprojekten.
- Zeit für Finanzen geht in Finanzplanung, Geldanlage, Haushaltsplanung, Rechnungen und Steuern und so weiter.
- Zeit für die Gemeinschaft wird für die Verbesserung der Gemeinschaft verwendet, zum Beispiel durch Beteiligung an der Glaubensgemeinde oder durch Hilfe für Benachteiligte.

- Bildungszeit ist dem Lernen in Form von Kursen, Filmen, Lesen oder Online-Studium gewidmet.

Sie haben vielleicht noch andere wichtige Zeitsorten: Hobbyzeit, Trainingszeit oder Reisezeit. Egal wie die Zeitsorten aussehen, wenn man sie begreift, kann man sie besser managen und effektiv ein ausgeglichenes Leben führen.

Quelle: *Organizing from the Inside Out* von Julie Morgenstern.

im Wege stehen. Wenn man vorausdenkt und vorausplant kommt Struktur in die täglichen Angelegenheiten. Dazu gehört es, klug zu planen, Fristen konsequent einzuhalten und sich selbst sowie die Menschen um Sie her zu organisieren, einschließlich Ihres Teams, Ihres Chefs und Ihrer Kunden.

PLANEN

Für viele Professionals ist der Tag eine ständige Aufholjagd. Man kommt vielleicht zu spät zu der Zehn-Uhr-Besprechung, weil man noch auf eine dringende Email anworten

DOS & DON'TS

SOLIDE TERMINPLANUNG

Wenn Sie anfangen, einen detaillierten Zeitplan zu machen, ist es gut, sich etwaige Fallstricke bewusst zu machen, die im Halbdunkel lauern könnten. Ein guter Terminplan ist auf Überraschungen vorbereitet und kann sich daran anpassen.

- Seien Sie auf Krisen und Katastrophen gefasst. Planen Sie Zeit dafür ein.
- Vergessen Sie nicht, flexibel zu sein.
- Vergessen Sie nicht, einen Plan B für unvorhergesehene Notfälle zu haben.
- Werten Sie Ihre To-Do-Liste nach Prioritäten aus.
- Machen Sie sich klar, wie viel Zeit Sie für bestimmte Aufgaben brauchen. Dann können Sie die Zeit, die Sie haben, besser managen.
- Versuchen Sie nicht, alles an einem Tag zu schaffen; verteilen Sie bestimmte Aufgaben lieber über eine ganze Woche.
- Planen Sie Zeit zum Nachdenken ein –
  das ist ein lebensnotwendiger Teil der Arbeit.

musste. Die Besprechung selbst wird zu lang. Das im Vorbeigehen eingenommene Mittagessen wird unterbrochen, weil es mit einem Kunden größere Schwierigkeiten gibt. Bevor man sich umschaut, ist es drei Uhr und man hat mit den Aufgaben, die an diesem Tag erledigt werden müssen, kaum erst angefangen. Das Geheimrezept gegen solche chaotischen Tage ist effektive Terminplanung.

Bei der Planung geht es vor allem darum, vorbereitet zu sein. Die meisten Probleme oder Krisen, mit denen man täglich konfrontiert ist, sind selten wirklich überraschend. Wahrscheinlich sind sie Ihnen schon früher begegnet: Die Besprechung um zehn Uhr zieht sich immer zu sehr in die Länge und dieser bestimmte Kunde droht nach dem ersten Kostenvoranschlag für ein Projekt immer, zur Konkurrenz zu gehen. Richtige Planung berücksichtigt das gesamte Wissen, das Sie bei der Arbeit erworben haben, damit erwartete – und sogar unerwartete – Probleme Sie nicht zu Boden gehen lassen.

Ein guter Zeitplan ist so flexibel, dass er unvorhergesehene Entwicklungen und Komplikationen aufnehmen kann. Entwicklungen und Komplikationen, die vorhersehbar sind, sollten niemals den Terminplan aus der Bahn werfen. Ein guter Planer hat immer einen Plan B. Es ist wichtig, einen Plan aufzustellen, der alle möglichen Wirrungen vorwegnimmt.

ÜBER DEN TELLERRAND

ERGREIFEN SIE DIE ZEIT

In fünf Minuten kann man einen Kaffee aufsetzen und während der Wartezeit Emails oder Anrufbeantworter kontrollieren, ein Fax schicken, einen Umschlag adressieren und in die Poststelle bringen. Der Kaffee kocht nicht schneller, wenn man ihm dabei zuschaut; machen Sie sich deshalb die Einstellung „jetzt machen!" zu eigen. Nutzen Sie die kleinen Zwischenzeiten zwischen großen Dingen, um die kleinen Dinge zu erledigen, die den Tag überfüllen. Auf diese Art legen Sie größere Zeitscheiben zusammen, in denen Sie Ihre wirklich wichtigen Ziele anpacken können.

Quelle: *Time Alive* von Alexandra Stoddard (HarperCollins 2005).

DIE AUFSTELLUNG EINES SOLIDEN ZEITPLANS

Der erste Schritt zum soliden Zeitplan ist die Auswertung der To-Do-Liste. Wenn Sie die Punkte auf Ihrer Liste nach Prioritäten sortiert haben, dann haben Sie eine klare Vorstellung davon, welche Aufgaben in einer bestimmten

UNTERM STRICH

DON'T WAIT FOR THE BIG IDEA

Der Autor Jim Collins weist darauf hin, dass große Unternehmen wie Walt Disney oder Hewlett Packard nicht mit einer einzigen großartigen Idee angefangen haben. Ihre Schöpfer haben an einer Idee nach der anderen gearbeitet, bis sich mehrere festgesetzt hatten. Dann haben sie einen endlosen Strom neuer Ideen in Gang gesetzt. Wenn sie ihre Zeit damit verbracht hätten, auf die eine perfekte Idee zu warten statt aus ihren vielen vernünftigen Ideen etwas zu machen, wären diese legendären Unternehmen niemals so erfolgreich geworden. Hören Sie auf, auf eine große Idee zu warten, die Sie aus den Startlöchern bringt. Treten Sie in Aktion und vertrauen Sie darauf, dass die organisierte Zeit, die Sie mit Routine-Ideen verbringen, die Bühne für die großen Ideen bereitet.

Quelle: *Immer erfolgreich* von Jim Collins und Jerry Porras (HarperBusiness 2004).

Woche unbedingt erledigt werden müssen. Werfen Sie am Wochenanfang einen Blick auf Ihre To-Do-Liste und

schätzen Sie ab, wie lange Sie für die Erledigung jeder Aufgabe brauchen. Wenn Sie nicht so gut abschätzen können, wie viel Zeit für bestimmte Aufgaben nötig ist, fangen Sie an zu notieren, wie lange Sie für die Erledigung der Aufgaben einschließlich Unterbrechungen benötigen.
Wenn Sie bestimmt haben, wie lange jede Aufgabe dauern wird, planen Sie, wann Sie sie angehen. Beschließen Sie, an welchem Tag Sie Nummer 1, Nummer 2 und so weiter machen wollen; dann übertragen Sie die Aufgaben in einen Tagesplan oder einen Online-Kalender. Packen Sie nicht möglichst viele Aufgaben in den ersten Tag der Woche. Verteilen Sie die Aufgaben lieber gleichmäßig über die Woche und berücksichtigen Sie dabei bereits anberaumte Besprechungen und Fristen für Aufgaben. Planen Sie auf jeden Fall zusätzliche Zeit für tägliche Aktivitäten ein, zum Beispiel für Emails und Telefonate.
Setzen Sie für jede Aufgabe mehr Zeit an, als Sie schätzungsweise dafür brauchen. Wenn Sie glauben, ein Projekt würde eine Stunde dauern, geben Sie sich dafür eine Stunde und 15 Minuten oder sogar anderthalb Stunden. Bedenken Sie, dass gar keine Krise nötig ist, um die Zeit unerwartet zu verschlingen. Tätigkeiten, die Sie vergessen haben einzuplanen, werden das, was Sie für zusätzliche Zeit am Rande des Tages gehalten haben, schon wegwischen.

KERNPUNKTE

DIE AUFSTELLUNG EINES SOLIDEN WOCHENPLANS

Ein effektiver Zeitplan kann wieder Ordnung in Ihren Tag bringen, wenn er Zeit für erwartete und unerwartete Aufgaben enthält. Hier ein paar Tipps für die Erstellung eines soliden Wochenplans:

- Werten Sie Ihre To-Do-Liste aus.
- Schätzen Sie realistisch ab, wie lange die Erledigung jeder Aufgabe dauert.
- Bauen Sie zusätzliche Zeit für tägliche Aktivitäten ein, zum Beispiel für die Beantwortung von Emails und Anrufen sowie unerwartete Überraschungen.
- Berücksichtigen Sie „Denkzeit" für Strategien und Probleme.
- Verteilen Sie die Aufgaben so gleichmäßig wie möglich über die Woche; berücksichtigen Sie dabei Fristen und sonstige Zwänge.

FEHLERSUCHE IM ZEITPLAN

Wenn Sie wie oben vorgeschlagen tägliche und wöchentliche Aufgaben geplant haben, aber immer noch frustriert

ÜBER DEN TELLERRAND

NUTZEN SIE IHR UNTERBEWUSSTSEIN, UM ZEIT ZU SPAREN

Sind Ihnen jemals „Aha!"- oder „Eureka!"-Erlebnisse durch den Kopf geschossen – Tage nachdem Sie sie eigentlich gebraucht hätten? Fangen Sie an, Projekte bewusst an Ihr Unterbewusstsein zu delegieren. Wenn Sie vor einer schwierigen Entscheidung oder Situation stehen und Sie Schwierigkeiten haben, Lösungsmöglichkeiten zu finden, versuchen Sie sie vorübergehend zu vergessen. Wenn Ihr Geist zur Ruhe kommt, dann kommt auch die Antwort. Die Gelehrten bezeichnen das als Inkubation der Gedanken. Nutzen Sie die Zeit, in der die Lösung ausgebrütet wird, indem Sie an einem anderen Projekt weiter arbeiten.

Quelle: *Taking Control of Your Thoughts* von Harrison Shorter (Harrison House 2003).

sind, weil Sie nicht durch Ihre To-Do-Liste fegen können, haben Sie vielleicht die Zeit für Ablenkungen vergessen. Fast jede Aufgabe wird vor ihrer Fertigstellung viele Male unterbrochen. Deshalb werden Konferenzen, besondere

Strategieversammlungen und andere Aktivitäten, die besonders intensive Konzentration erfordern, so häufig außerhalb des Büros abgehalten. Die Entfernung von der Operationsbasis reduziert zumindest theoretisch die Ablenkungen. Außerdem verleiht es dem, was Sie tun, eine gewisse Aura der Bedeutsamkeit.

Ein weiterer Grund, aus dem Sie vielleicht nicht in der Lage sind, Ihre To-Do-Liste zeitgerecht abzuarbeiten, ist vielleicht die Tatsache, dass Sie keine Zeit zum „Denken" eingeplant haben. Zeiten der Konzentration, in denen sich der Verstand ausschließlich mit einem größeren Projekt oder mit Strategien zur Bewältigung eines Problems widmet, sind für die effektive Ausführung von Aufgaben unentbehrlich.

Doch häufig verschieben wir das Nachdenken über größere Fragen und Probleme so lange, bis es absolut notwendig ist. „Im Moment kann ich darüber nicht nachdenken, sonst werde ich verrückt. Ich denke morgen darüber nach", seufzt die Heldin Scarlett O'Hara in „Vom Winde verweht". Aber wenn Sie das Nachdenken immer von einem Tag auf den anderen schieben, kann Ihnen irgendwann die Zeit ausgehen. Der Versuch, ohne ausreichende Zeit zum Durchdenken eine schlagkräftige Strategie oder einen Umsetzungsplan zu produzieren, kann später Probleme verursachen. Wenn Sie „Denkzeit" einplanen, seien Sie immer gewahr,

UNTERM STRICH

DAS ZWEI-LISTEN-SYSTEM

Die Organisationsexpertin und Autorin Stephanie Winston empfiehlt, immer zwei Aufgabenlisten zu führen: eine Master-Liste – sozusagen ein Reservoir von „To-Dos" – und eine tägliche Erledigen-Liste. Entscheidend ist dabei, dass man alle und jede Aufgabe in die Masterliste einträgt, auch wenn sie erst in einem oder zwei Monaten erledigt werden muss. Die tägliche To-Do-Liste enthält die Aufgaben, die an diesem Tag gemacht werden müssen, und zwar sortiert nach hoher, mittlerer und geringer Priorität. Für die Sortierung nach Prioritäten gibt es einen guten Grund.
Eine kleine Aufgabe, zum Beispiel das Auto voll tanken oder Kleider von der Reinigung abholen, scheint an und für sich vielleicht geringe Priorität zu haben. Aber wenn sie erledigt werden muss, bevor man eine Aufgabe mit hoher Priorität angehen kann – zum Beispiel ein Vorstellungsgespräch –, dann ändert sich die Dringlichkeit der Aufgabe möglicherweise. Sie können Ihre Liste auf ein Blatt Papier schreiben oder in ein elektronisches Dokument tippen – aber Sie müssen die tägliche, zeitlich durchgeplante To-Do-Liste immer parat haben.

Quelle: *Schluss mit dem Chaos* von Stephanie Winston.

dass Ihr Plan dann mehr Flexibilität als sonst gebrauchen könnte. Wenn Ihr Gehirn sagt: „Das war genug Nachdenken für einen Tag, machen wir etwas weniger Intensives“, dann tun Sie das. Dann sollten Sie vielleicht Unterlagen sortieren, die Ablage machen oder Ihr Email-Postfach aufräumen.
Manchmal widmen Sie Ihre Denkzeit großen Fragen und Problemen, aber Sie sollten auch jeden Tag Zeit reservieren, in der Sie über die Aktivitäten des nächsten Tages und über deren zeitlichen Bedarf nachdenken. Damit stellen Sie sicher, dass Sie besser darauf vorbereitet sind, die Aufgaben des nächsten Tages anzupacken, und Sie können alle Aufgaben neu einplanen, die am Ende des Tages noch nicht erledigt sind.

PROJEKTPLÄNE

Ein Projekt ist im Grunde ein Ziel und sollte entsprechend behandelt werden, indem man es in kleinere Zielvorgaben aufspaltet, eine To-Do-Liste mit Aufgaben erstellt und nach Prioritäten ordnet, und die Aufgaben zeitlich plant. Wenn Sie ein Projekt planen oder eine Zeitlinie dafür zeichnen, schaffen Sie einen Fahrplan, der Ihnen genau sagt, wie Sie die Zeit bis zur Frist des Projekts verbringen.
Die pünktliche Fertigstellung Ihres Projekts ist wichtig, und sei es nur, weil Ineffizienzen von Ihrer Seite ansteckend

FALLBEISPIEL

GNADENLOSES ZEITMANAGEMENT

Der Wiederaufbau der Highways in Los Angeles nach dem Erdbeben von Northridge im Jahre 1994 ist ein gutes Beispiel für gnadenloses Zeitmanagement. Am 17. Januar verletzte das Erdbeben 9.000 Menschen und beschädigte oder zerstörte 54.000 Gebäude, unter anderem den Santa Monica Freeway (I-10), eine der verkehrsreichsten Autobahnen der Welt. Der Wiederaufbau des Freeways begann weniger als 24 Stunden nach dem Beben. Als der beauftragte Bauunternehmer erfuhr, dass die Lieferung der Stahlträger für die Reparatur zweier eingestürzter Brücken drei Wochen dauern würde, charterte er dafür eigens Güterzüge. Er verwendete Schnellbeton, obwohl er teurer war, und er baute die Brücken nicht nacheinander, sondern gleichzeitig wieder auf; die Mannschaften arbeiteten bei Regen und Sonnenschein rund um die Uhr und die Arbeiter fuhren Zwölf-Stunden-Schichten. Das Ergebnis war, dass die I-10 nach blitzschnellen 66 Tagen wieder für den Verkehr frei gegeben wurde. Die Baufirma trat alle üblichen Stolpersteine aus dem Weg – Papierkram, Lieferschwierigkeiten, Arbeitskraft – und lieferte damit ein

Beispiel erster Güte für effektives Zeitmanagement, das exzellente Ergebnisse liefert.

Quelle: „Lessons for Post-Katrina Reconstruction" von Peter Phillips, Economic Policy Institute (6. Oktober 2005).

wirken können. Sogar die Überflieger in der Projektgruppe können schlampig werden, wenn sie merken, dass Sie Ihre eigenen Fristen nicht einhalten. Zudem kann eine verpasste Frist bedeuten, dass die ganze Zeit, die Energie und die Ressourcen, die Sie auf das Projekt verwendet haben, verschwendet waren.

DIE AUFSTELLUNG EINES PROJEKTPLANS

Bei der Planung eines Projektes sollte man als Erstes abschätzen, wie realistisch die Frist ist. Sobald Sie gebeten werden, ein Projekt innerhalb einer bestimmten Frist fertig zu stellen, identifizieren Sie alle Faktoren, die den Zeitrahmen des Projekts sprengen könnten: Haben Sie die erforderlichen Ressourcen? Können die Zulieferer rechtzeitig liefern? Wie lange brauchen die Genehmigungen? Bedenken Sie auch: Wer hat das vorher gemacht? Kann man das

PLAN B

HILFE VON AUSSEN

Manchmal stößt auch eine gut organisierte und zeiteffiziente Abteilung oder ein Projektteam auf eine unüberwindlich scheinende Frist. Wenn das passiert, sollte man Praktikanten, Zeitarbeiter, Freiberufler oder Subunternehmer in Betracht ziehen. Solche Helfer von außen können die eher mechanischen Arbeiten erledigen, sodass Sie und andere Mitglieder des Projektteams für die wichtigsten Aufgaben zur Verfügung stehen. Erfahrene freie Mitarbeiter bringen frische Ideen mit. Sie sind brillant im Aufbrechen von Blockaden, sie bieten bewährte Lösungen, Anregungen und Hilfen. Und vor allen Dingen können freie Mitarbeiter zur Beschleunigung des Zeitplans beitragen.

Freiberufler arbeiten gewöhnlich sehr gewissenhaft, weil ihr Lebensunterhalt von Referenzen und Folgeaufträgen abhängt. Wenn Sie absehen können, dass Sie mit den personellen Ressourcen die Frist nicht schaffen, warten Sie nicht bis zur elften Stunde. Bitten Sie Ihren Chef oder die Personalabteilung um die benötigten Ressourcen von außen und rufen Sie Verstärkung herbei.

noch schneller machen? Wer kann mir beibringen, wie ich das im Zeitplan schaffe? Wenn Sie nach sorgfältiger Betrachtung dieser Faktoren das Gefühl haben, dass die Frist unrealistisch ist, wenden Sie sich an Ihren Vorgesetzten oder wer Ihnen das Projekt zugeteilt hat, und handeln Sie nach Möglichkeit ein neues Fälligkeitsdatum aus.

Wenn Sie eine realistische Frist haben, ist es Zeit für die Planung des zeitlichen Ablaufs. Am besten plant man Projekte, indem man von der Fertigstellung aus rückwärts geht. Stellen Sie die Abfolge der Aufgaben zusammen, die Sie über die Ziellinie bringt. Es kann sein, dass die Aufgaben nicht gleichmäßig über den Verlauf des Projekts verteilt sind, sondern dass sie sich in gewissen zeitlichen Abständen dichter drängen.

Nehmen Sie sich ein Beispiel an den Filmemachern, die ihre Szenen selten in der Reihenfolge aufnehmen, die das Publikum sieht. Haben Sie keine Angst, Aufgaben entgegen der Reihenfolge zu erledigen. Vielleicht entscheiden Sie sich, das letzte Stück des Projekts als Erstes zu erledigen und das dritte Stück als Siebtes, weil Sie so die Ressourcen und die wichtigsten Beteiligten am besten nutzen können. Nehmen Sie die Hilfe Ihres Teams in Anspruch, um festzustellen, welche Aufgaben schnell und kostengünstig erledigt werden können, und welche länger dauern und mehr kosten. Skizzieren Sie dann einen sinnvollen Ablauf der Ereignisse.

Konzentrieren Sie sich bei der zeitlichen Planung des Projekts nicht nur auf die Zeit, die für die Erledigung der Aufgaben gebraucht wird, sondern auch darauf, was Sie in den Ruhezeiten – Zeiten, in denen keine der Aufgaben Ihre Aufmerksamkeit benötigt – tun beziehungsweise was in diesen Zeiten passieren muss.
Wenn Sie das Projekt begonnen haben und die Arbeit läuft, und Sie sind frustriert, weil Sie nicht mehr im Zeitplan sind, dann haben Sie vielleicht diese Ruheperioden nicht berücksichtigt, in denen kleinere Arbeiten gemacht werden müssen. Wenn es Ihnen vorkommt, als würde das Projekt nur im Schneckentempo vorankommen, sollten Sie überprüfen, was Sie tun können, um die Leerlaufzeiten zu minimieren und die Aufgaben am Laufen zu halten.
Nehmen wir als Beispiel ein Projekt, zu dem neues Briefpapier für einen Unternehmenskunden gehört. Zur Beschleunigung des Projekts könnten Sie die Papierauswahl auf Vorräte beschränken, die im Inland verfügbar sind. Indem Sie Papier ausschließen, das erst in Asien bestellt werden muss und erst nach einem Monat geliefert wird, beseitigen Sie eine Leerlaufzeit, in der nichts erledigt werden kann.

DOS & DON'TS

PROJEKTPLANUNG

Das anstehende Projekt beinhaltet so viele Punkte, dass Sie sich nicht einfach alle merken können. Nachdem Sie Ihre Zeit und Ihre Ressourcen eingeschätzt haben, erstellen Sie eine Schritt-für-Schritt-Liste, die Sie nahtlos vom Start zum Ziel führt.

- Schätzen Sie ein, wie realistisch Ihre Frist ist.
- Identifizieren und berücksichtigen Sie mögliche Stolpersteine und Rückschläge.
- Planen Sie die Abfolge der Ereignisse von Anfang bis Ende.
- Scheuen Sie sich nicht, Schritte entgegen der chronologischen Abfolge zu erledigen.
- Stellen Sie fest, welche Aufgaben schnell und günstig erledigt werden können und welche länger brauchen und mehr kosten werden.
- Verplempern Sie die freien Zeiten nicht. Nutzen Sie sie klug.
- Versuchen Sie, einige Aufgaben abseits Ihres normalen Arbeitsplatzes zu erledigen.

3 Nutzen Sie Ihre Zeit effizient

„Zu jemand anderem ‚nein' zu sagen
ist wie zu sich selbst ‚ja' zu sagen."

– Helene Lerner, Autorin von *Time for Me*

Jeder steht vor unerwarteten Hürden, die seine Verwendung der Zeit stören. Der Unterschied zwischen Menschen, die ihre Ziele erreichen, und Menschen, die scheitern, besteht in der Fähigkeit, die Hindernisse zu umgehen, die sie aufzuhalten drohen.

DER UMGANG MIT ABLENKUNGEN

Zeitfallen wie zu viele Emails, Unterbrechungen durch Anrufe, schlecht geführte Besprechungen und geschwätzige Kollegen können selbst den solidesten Zeitplan aus der Bahn werfen und Ihre To-Do-Liste ruinieren. Wenn Sie mit solchen Ablenkungen effektiv umgehen wollen, ist es essentiell, dass Sie die Kontrolle über Ihre Zeit behalten und dass Sie den Versuchen anderer Menschen, sich in Ihren Zeitplan zu drängen, nicht nachgeben.

Dieses Kapitel erkundet die vielen „Zeitfallen", die Ihnen im Laufe des Arbeitstages wahrscheinlich begegnen – und Möglichkeiten sie zu meiden oder gegenzusteuern.

DIE EMAIL- UND PAPIER-ÜBERLASTUNG BEWÄLTIGEN

In der heutigen verkabelten Arbeitswelt wetteifern täglich hunderte Emails, Instant-Messages und Messages von BlackBerries oder anderen mobilen Geräten um Ihre Aufmerksamkeit. Die Technik hat die Kommunikation erleichtert und beschleunigt, aber sie begräbt uns auch unter Informationen. Früher bedeutete die Erledigung der Korrespondenz, dass man einen Stapel von Briefen und Memos durchging. Heute ist es hingegen nicht ungewöhnlich, dass man am Tag 50 Emails bekommt, die sofortige Aufmerk-

DOS & DON'TS

ABLENKUNG DURCH EMAILS VERMEIDEN

Die Email hat unsere Arbeitsproduktivität erhöht, indem sie die Kommunikation schneller und effizienter gemacht hat. Aber wenn man sie ineffektiv einsetzt, kann sie zu einer der gefährlichsten Zeitfallen werden.

- Löschen Sie Spam-Mails und abonnierte Emails, die Sie selten lesen, sofort.
- Lesen Sie nicht alle Emails sofort. Gehen Sie sie durch und entscheiden Sie, welche davon sofortige Aufmerksamkeit verlangen.
- Legen Sie eine bestimmte Zeit für die Bearbeitung der Emails fest.
- Antworten Sie auf Emails prompt.
- Lassen Sie sich den Posteingang nicht von auflaufenden Emails verstopfen. Löschen Sie sie oder legen Sie sie ab, wenn Sie sie bearbeitet haben.

samkeit verlangen. Und obwohl uns die Technologie versprochen hat, das „papierlose Büro" zu bringen, bekommen

KERNPUNKTE

VERMEIDEN SIE POSTBERGE

Das Signal Ihres Email-Eingangs ertönt und schon wartet etwas auf Ihre Aufmerksamkeit. Der Bürobote legt einen Stapel ab, um den ein Gummiband gezogen ist. Die Bearbeitung dieser Sachen braucht Zeit. Wenn Sie mit der papiernen und der elektronischen Post nicht richtig umgehen, frisst die Reaktion darauf Ihre ganze verfügbare Zeit auf. Beherrschen Sie die Post- und Email-Flut, indem Sie:

- weder Post noch Email sofort öffnen.
- auf jeden Fall innerhalb von 24 Stunden etwas damit machen.
- eine bestimmte Tageszeit festlegen, zu der Sie Post und Emails wegwerfen, ablegen oder beantworten.

wir nach wie vor massenhaft Berichte, Memos, Briefe und Werbesendungen auf Papier.

Wenn Sie eine Email oder ein Schriftstück bekommen, lesen Sie es durch und bestimmen Sie, ob es irgendeine Handlung erfordert. Wenn Sie hunderte Emails am Tag bekommen,

UNTERM STRICH

„LAW"

Wenn man mit Email- und Papier-Dokumenten nicht effizient umgeht, stapeln sie sich, bringen den Arbeitsbereich in Unordnung und verschwenden unschätzbar wertvolle Zeit. Damit sich im Posteingang nicht die Emails häufen und damit keine Papierstapel wachsen, empfiehlt der Zeitmanagement-Autor K.J. McCorry das Gesetz des LAW:

- Lesen
- Antworten
- Wegwerfen

Wenn Sie mit den Emails und den Papieren in Ihrem Leben nicht eines dieser drei Dinge tun können, dann haben Sie kein Organisationsproblem, sondern ein Entscheidungsproblem.

Quelle: *Organize Your Work Day in No Time* von K.J. McCorry (Que 2005).

dürfte es sinnlos sein, alles zu lesen, was da kommt. Meistern Sie die „Kunst des Überblicks" und entscheiden Sie, was

Sie guten Gewissens ignorieren können. Lernen Sie, Junk-Emails und abonnierte Emails zu erkennen, die Sie sofort löschen können.

Wenn Sie entschieden, ob Sie auf eine Email oder auf ein Schreiben hin etwas tun müssen, kümmern Sie sich darum. Beantworten Sie Emails sofort. Fassen Sie sich kurz – kurze, wohl formulierte Emails sparen Ihnen und dem Empfänger Zeit.

Das Wichtigste ist, dass Sie den Eingang immer auf dem neuesten Stand halten; lassen Sie keine Emails auflaufen, die sofort bearbeitet werden müssen. Wenn Sie auf eine Email geantwortet haben, löschen Sie sie oder legen Sie sie in einem Email-Ordner ab. Emails, die Sie bereits bearbeitet haben, dürfen nicht Ihren Posteingang verstopfen und vielleicht andere Emails verbergen, die noch Ihre Aufmerksamkeit brauchen.

Und wenn Sie Post geöffnet oder Unterlagen bekommen haben, die Ihrer Meinung nach Ihre Aufmerksamkeit erfordern, bearbeiten Sie sie so schnell wie möglich. Werfen Sie sie nicht auf einen Stapel „Zeug", das durchgesehen und abgearbeitet werden muss. Dann können nämlich nicht nur wichtige Papiere verloren gehen, sondern der Stapel kann schnell so unübersichtlich werden, dass es Stunden und Stunden dauert, sich durchzuwühlen. Wenn Sie das Dokument erledigt haben, werfen Sie es in den Papierkorb oder

DOS & DON'TS

DAS TELEFON UND DIE ZEIT

Das Telefon ist eines der wichtigsten Kommunikationsmittel, aber es kann Sie auch unterbrechen und Sie von wichtigeren Dingen auf Ihrer To-Do-Liste abhalten. Hier ein paar Tipps zur effizienten Nutzung des Telefons:

- Nehmen Sie wichtige Telefonate an und planen Sie Zeit für den Rest ein.
- Seien Sie nicht so lange „offline" oder „stumm", dass die Menschen das Gefühl bekommen, als wären Sie nie erreichbar. Sie rufen dann nur umso öfter an.
- Benutzen Sie Ihr Handy und andere mobile Geräte, um tote Zeit in produktive Zeit zu verwandeln.
- Lassen Sie Ihr Handy oder sonstige Mobilfunkgeräte keine Besprechungen unterbrechen. Setzen Sie Grenzen.
- Schreiben Sie Telefonnotizen nicht auf irgendwelche Zettel, denn die gehen wahrscheinlich verloren oder verschwinden zwischen anderen Papieren. Führen Sie für diesen Zweck einen eigenen Telefon-Notizblock.

legen Sie es ab. Lassen Sie es nicht sinnlos auf dem Schreibtisch liegen, wo es nur Platz wegnimmt und Sie möglicherweise von anderen wichtigen Papieren ablenkt.
Manche Menschen finden es sinnvoll, einen bestimmten Abschnitt des Tages dem Schreiben und Beantworten von Emails und Papierbriefen zu widmen. Sie könnten zum Beispiel beschließen, jeden Morgen eine Stunde oder mehr für das Schreiben und Beantworten von Emails zu reservieren. Dann ist der Rest des Tages für die Arbeit an Aufgaben frei, die nichts mit Email zu tun haben. Wenn Sie glauben, dass diese Methode für Sie und Ihre spezielle Arbeit funktioniert, versuchen Sie, das zur Routine zu machen. Wenn Sie eine bestimmte Zeitmenge für die Bearbeitung von Emails und Papieren festgelegt haben, können Sie die Aufgaben des Tages besser planen und Ihr Zeitplan wird realistischer.

MANAGEN SIE DIE TELEFONFALLE

Das Telefon ist zwar ein nützliches Kommunikationsmittel, aber es kann zum Problem werden, wenn Ihre Telefongewohnheiten nicht den Prinzipien Ihres Zeitmanagement-Systems entsprechen. Wann Sie angerufen werden, entzieht sich Ihrer Kontrolle; Anrufe können Sie mitten in einer Aufgabe unterbrechen und Ihren Zeitplan durcheinanderbringen. Aber egal ob Sie anrufen oder angerufen werden, mit folgenden Tricks sparen Sie wertvolle Zeit:

KERNPUNKTE

ANRUFE MANAGEN

Immer wenn das Telefon klingelt, stellt jemand Ansprüche an Ihre Zeit. Wenn Sie nicht aufpassen, können Anrufe enorm viel Zeit verschwenden. Hier ein paar Telefontipps, die Sie bedenken sollten:

- Planen Sie Ihre Telefonstrategie im Voraus.
- Gehen Sie nur ans Telefon, wenn Sie bereit sind.
- Beantworten Sie Anrufe zu einer bestimmten Tageszeit.
- Sagen Sie Anrufern gleich, wie lange Sie sprechen wollen.

Nicht ans Telefon gehen: Eine Möglichkeit, Telefonunterbrechungen zu vermeiden, besteht darin, nicht ans Telefon zu gehen, wenn Sie sich intensiv auf etwas Wichtiges konzentrieren. Legen Sie stattdessen eine Zeit fest, in der Sie den Anrufbeantworter abhören. Auf diese Weise ignorieren Sie die Menschen nicht unendlich lange, aber Sie schützen Zeitblöcke vor Unterbrechungen. Wenn Sie Ihre Mailbox abhören, können Sie unwichtige Anrufe schneller

DAS GROSSE GANZE

HIGHTECH-UNTERBRECHUNGEN

Unglücklicherweise gibt die Technologie mehr Menschen mehr Zugriff auf Sie und Ihre Zeit. Ihre Zeit und Ihren Zeitplan im Griff zu behalten bedeutet, dass Sie sich auf die von Ihnen gesetzten Prioritäten konzentrieren. Das heißt aber auch, dass Sie Dinge ausblenden müssen, die Sie nicht zu machen brauchen. Lassen Sie Emails, Handy-Anrufe, das süchtig machende Handheld-Gerät und alles andere, was ein Eigenleben annehmen und Sie von Ihrem Leben ablenken kann, gelegentlich einfach liegen.

und leichter aussortieren, als wenn Sie immer abheben würden, wenn das Telefon klingelt.

Doch Vorsicht, machen Sie es sich nicht zur Gewohnheit, das Telefon immer unbeantwortet klingeln zu lassen. Wenn die Menschen – vor allem Kunden oder Klienten – merken, dass man Sie telefonisch normalerweise nicht erreichen kann, suchen sie andere Wege zu Ihnen – wahrscheinlich per Email – und unterbrechen Sie damit auf andere Art.

Sofort zurückrufen: Es ist natürlich unvermeidlich, dass Ihnen während Besprechungen, Kundenterminen, Verabredungen zum Essen und so weiter Anrufe entgehen. Achten Sie darauf, dass Ihre Mailbox-Ansage freundlich, aber kurz und knapp ist. Sagen Sie konkret, welche Informationen hinterlassen werden sollen. Wenn Sie wollen, dass der Anrufer Sie auf dem Handy oder unter einer anderen Telefonnummer erreicht, sagen Sie das auch. Wenn ein Mitarbeiter Ihre Telefonate übernimmt, verweisen Sie die Anrufer an diese Person. Wenn Sie Anrufe erst ab einem bestimmten Zeitpunkt beantworten, sagen Sie das deutlich.

Vielleicht wollen Sie die Anrufe genauso wie die Emails zu einer bestimmten Zeit beantworten. Sie sollten nach Möglichkeit bis zum Ende des Arbeitstages alle Anrufe beantwortet haben – sich anhäufende Anrufe belasten nur den nächsten Tag mit unerwarteten und ungeplanten Aufgaben.

Führen Sie in Ihrem Kalender Buch, wen Sie wann zurückgerufen haben. Wenn Sie sich zu oft gegenseitig auf die Mailbox gesprochen haben, schicken Sie stattdessen eine Email; immer wieder anrufen kann den andern nerven und kostet Ihre Zeit.

Deutlich sagen, wann Sie verfügbar sind: Man kann Unterbrechungen durch Anrufe unter anderem begrenzen, indem man klar sagt, dass man nur beschränkt verfügbar ist. Wenn jemand fragt, ob Sie Zeit für ein Schwätzchen haben, sagen Sie: „Ich habe zwei Minuten, schieß los." Benutzen Sie keine falschen Ausreden oder Lügen, zum Beispiel dass Sie einem Anrufer sagen, Sie müssten zu einer Besprechung, obwohl das gar nicht stimmt. Sie haben wichtige Arbeit zu tun und brauchen sich nicht dafür zu entschuldigen, dass Sie sich ihr wieder zuwenden wollen.

„Ein paar bestimmte Dinge, die Sie machen können, bringen bessere Ergebnisse als viele andere Dinge zusammen ... und Sie sind es sich selbst und Ihrem Team schuldig zu wissen, welche Tätigkeiten sich am meisten auszahlen und die Tätigkeiten zu beseitigen, die die wenigsten Ergebnisse bringen."

David Cottrell, Autor von *Monday Morning Mentoring*

Bieten Sie den Menschen am Telefon – oder im direkten Gespräch – keinen Anlass für lange Unterhaltungen. Wenn eine Person während des Gesprächs nicht konkret sagen will, was sie will, fragen Sie: „Was kann ich für Sie tun?" Wenn Sie auch dann noch nicht zur Sache kommt, helfen

UNTERM STRICH

TAGESORDNUNGEN RÄUMEN MIT KLEINKRAM AUF

Lassen Sie sich inbesondere in Besprechungen nicht von Kleinigkeiten erdrücken. Eine durchdachte Tagesordnung trägt dazu bei, dass Sie und die anderen Anwesenden sich auf die „wenigen essentiellen" Ideen anstatt auf die „vielen trivialen" konzentrieren. Sie hilft allen, den Pokal im Auge zu behalten. Die richtige Tagesordnung ist die halbe Miete für eine effiziente Besprechung.

Quelle: *Defeating Procrastination* von Marlene Caroselli (Skillpath Publications 1997).

Sie ihr, indem Sie sagen: „Ich muss jetzt gleich weg. Bevor ich gehe, kann ich Ihnen noch irgendwie helfen?" Wenn die Person dann nicht auf der Stelle zum Punkt kommt, gibt es keinen.

Konzentriert zu sein hilft anderen, auch konzentriert zu sein, vor allem während eines Telefongesprächs. Wenn das, was besprochen wird, nicht greifbar weiter führt, verlagern Sie den Schwerpunkt auf etwas, das etwas bringt.

ACHTUNG!

ARBEIT MIT NACH HAUSE NEHMEN – GEFAHR!

Eine der heimtückischsten Zeitfallen, in die man tappen kann, ist der Glaube, man könnte endlich aufholen, wenn man ein bisschen länger arbeitet oder sich über das Wochenende Arbeit mit nach Hause nimmt. Sehen Sie den Tatsachen ins Auge: Wenn Sie es zulassen, frisst die Arbeit Ihre gesamte freie Zeit auf. Sie müssen eine Grenze ziehen und ein gesundes Gleichgewicht zwischen Privatleben und Arbeit erhalten. Beides muss Grenzen haben.

Quelle: *The Complete Idiot's Guide to Managing Your Time* von Jeff Davidson (Alpha 2001).

Menschen, die morgens oder mittags in Plauderlaune sind, plaudern um fünf Uhr wahrscheinlich nicht so gern. Wenn Sie eine ausführliche Beschreibung des Wochenendes am See unterbrechen müssen, fragen Sie höflich, ob Sie später zurückrufen und sich das Ende der Geschichte anhören können, und rufen Sie dann um 16:45 Uhr an. Der Rest der See-Story ist dann wahrscheinlich ziemlich kurz.

Effizient anrufen: Bringen Sie den Menschen, die Sie anrufen, die gleiche Höflichkeit entgegen, die Sie von ihnen wünschen. Fangen Sie damit an, dass Sie der angerufenen Person sagen, dass Sie wissen, dass Sie beschäftigt ist und dass Sie nur ein paar Minuten von ihrer Zeit wollen. Die angerufene Person registriert diesen Hinweis auch dann, wenn sie nicht zu beschäftigt für ein Schwätzchen ist – Sie haben damit höflich angedeutet, dass Sie gleich wieder an die Arbeit müssen. Wirklich viel beschäftigte Menschen wissen Ihre Rücksicht zu schätzen. Überlegen Sie sich vor dem Anruf, welche Punkte Sie besprechen wollen.
Wenn Sie jemandem auf die Mailbox sprechen, sagen Sie immer, weshalb Sie anrufen. Eine deutliche Botschaft hilft Ihnen, bei der Tagesordnung zu bleiben, wenn Sie zurückgerufen werden.

VERMEIDEN SIE INEFFIZIENTE BESPRECHUNGEN

Besprechungen – von Angesicht zu Angesicht oder Telefonkonferenzen – können große kollektive Zeitfresser sein. Oft ist es wichtig, sich in der Gruppe zu treffen, um Arbeit zu erledigen, aber genauso wichtig ist es, Besprechungen zeitlich straff zu führen. Vorbereitung ist der Schlüssel zur produktiven Besprechung. Stellen Sie sicher, dass es einen guten Grund für die Besprechung gibt und dass die richtigen Personen dazu geladen sind.

Der Zweck: Legen Sie fest, was Sie mit der Besprechung erreichen wollen. Lassen Sie alle im Voraus wissen, weshalb ihre Anwesenheit erforderlich ist, welche Rolle sie spielen und wie sich ihre Teilnahme in das große Ganze fügt. Verschwenden Sie nie die Zeit am Anfang einer Besprechung mit der Frage, was auf die Tagesordnung gehört. Bereiten Sie die Tagesordnung vor und teilen Sie sie schriftlich aus. Wenn die Teilnehmer die Tagesordnung kennen, kommen sie besser vorbereitet und in der Besprechung ist mehr Zeit, in der die Gruppe vorwärts denken kann.
Die Menschen: Wer muss dabei sein? Wenn man Menschen zu einer Besprechung ruft, die nicht wirklich da sein müssen, verschwendet man ihre Zeit und die Zeit aller anderen, weil dann unpassende Themen aufkommen. Wenn Sie jemanden zu einer Besprechung laden, sagen Sie immer, warum Sie ihn rufen. Sagen Sie beispielsweise zu George aus der Finanzabteilung: „Wir brauchen jemanden aus dem Finanzwesen, der uns sagt, wo die steuerlichen Grenzen dieses Projekts liegen.“ Wenn Sie einer Person nicht genau sagen können, weshalb sie auf der Besprechung gebraucht wird, sprechen Sie keine Einladung aus (und wenn Sie zu einer Besprechung gebeten werden, auf der Sie nicht gebraucht werden, lehnen Sie höflich ab).
Lassen Sie die geladenen Teilnehmer wissen, welchen Beitrag sie von ihnen erwarten. Sie könnten zu Jill aus der

Personalabteilung sagen: „Könnten Sie uns als Vertreterin der Personalabteilung bitte einen Bericht über den personellen Bedarf für dieses Projekt geben?“ Die Vorankündigung gibt Jill die Möglichkeit, sich kundig zu machen oder den Auftrag an jemand anders weiterzugeben. Die richtige Person in der richtigen Besprechung ist der erste Schritt dahin, dass Besprechungen produktiver werden und die Zeit effizienter nutzen.

„Eine Organisation, in denen sich dauernd alle zu Besprechungen treffen, ist eine Organisation, in der nichts geschafft wird.“

– Peter F. Drucker

Zeit und Ort: Was ist der beste Ort für die Besprechung? Am Platz oder woanders? Telefonkonferenz oder online? Die Antwort wird zwar oft von der Logistik diktiert, aber Ihr Ziel sollte es immer sein, dass die Besprechung Ihre Zeit und die der anderen möglichst wenig beeinträchtigt. Berücksichtigen Sie die zeitlichen Beschränkungen der Teilnehmer – es mag sein, dass es eine nette Idee ist, sich an

DOS & DON'TS

GUT GEFÜHRTE BESPRECHUNGEN

Wenn Besprechungen nicht effizient geführt werden, können sie leicht übermäßig viel wertvolle Zeit verschlingen.

- Berufen Sie nur eine Besprechung ein, wenn Sie eine Vorstellung davon haben, was Sie damit erreichen wollen.
- Überlegen Sie sorgfältig, wer zu der Besprechung geladen werden sollte.
- Sagen Sie die Besprechung ab, wenn wichtige Entscheidungsträger nicht dabei sein können.
- Planen Sie die Tagesordnung nicht am Anfang der Besprechung; bereiten Sie sie vor und verteilen sie vorher, damit die Menschen konzentriert ankommen.
- Fangen Sie pünktlich mit der Besprechung an.
- Warten Sie mit dem Anfang nicht auf verspätete Teilnehmer.
- Behalten Sie die Zeit im Blick und sorgen Sie dafür, dass alle Punkte der Tagesordnung besprochen werden.
- Wenn eine Besprechung nicht am Arbeitsplatz stattfinden soll, bedenken Sie die zeitlichen Beschränkungen der Teilnehmer.
- Beenden Sie die Besprechung pünktlich.

KERNPUNKTE

BESPRECHUNGEN LEITEN

Besprechungen können zur unglaublichen Zeitverschwendung werden. Sie können aber auch die Zeit effektiv nutzen, vor allem was den Austausch von Informationen und Feedback in Echtzeit betrifft. Machen Sie das Beste aus Ihren Besprechungen, indem Sie:

- eine klare produktive Absicht haben.
- vorher eine Tagesordnung ausgeben.
- logistisch so planen, dass die Unterbrechung möglichst gering ist.

einem anderen Ort als dem Arbeitsplatz zu treffen, aber vielleicht ist das für die Bewältigung der Aufgabe gar nicht nötig. Tatsächlich könnte das für beide Beteiligten ein Zeitfresser sein und eine telefonische Besprechung wäre passender und zeitsparender.

Besprechungssitten: Fangen Sie pünktlich an. Zuspätkommer dürfen die Tagesordnung und den Plan nicht schon vor Beginn der Besprechung aus dem Geleise bringen. Sobald die Besprechung begonnen hat, bringen Sie die Menschen schnell dazu, dass sie sich der Besprechung widmen. Wenn die Hälfte der Anwesenden von ihren Handys oder Handhelds abgelenkt ist, bitten Sie sie, die elektronischen Spielzeuge für die Dauer der Besprechung wegzuräumen, außer wenn solche Geräte für die Besprechung konkret gebraucht werden. Achten Sie darauf, wie lange Sie für jeden Tagesordnungspunkt brauchen, und sorgen Sie dafür, dass das Gespräch auf eine Lösung gerichtet ist. Beenden Sie Besprechungen immer pünktlich. Dauert die Besprechung länger als geplant, laden Sie die Menschen dazu ein, das Gespräch fortzusetzen, aber geben Sie ihnen die Möglichkeit zu gehen, wenn sie wegen ihres Zeitplans nicht bleiben können.

Wenn Sie versprechen, dass die Besprechung pünktlich anfängt und dass die Menschen pünktlich wieder herauskommen, und wenn sie Ihnen ausreichend Gelegenheit geben, sich auf die Besprechung vorzubereiten, haben Sie die bestmögliche Bühne dafür bereitet, dass das Ziel der Besprechung zeitsparend erreicht wird.

ERSTICKEN SIE ÜBERTRIEBENE PLAUDEREIEN IM KEIM

Eine der größten Zeitfallen am Arbeitsplatz sind ablenkende Unterhaltungen. Plaudereien und lockere Gespräche mit

Absender

Name, Vorname

Straße

PLZ / Ort

Telefon, Fax

@

E-Mail

Geburtsdatum Unterschrift

Bitte freimachen

Antwort-Postkarte

Börsenmedien AG
Postfach 1449
95305 Kulmbach

DOS & DON'TS

VOM UMGANG MIT ABLENKUNGEN

Am besten überwindet man die kleinen Hürden des Tages, die wertvolle Minuten fressen, indem man voll anerkennt, dass es eben Ablenkungen gibt. Je schneller Sie eingestehen, dass Sie vom Weg abgekommen sind, umso schneller können Sie das Problem beheben und weiter machen. Es gibt zwar keinen Zauber, der Ablenkungen beseitigt, aber wenn man richtig damit umgeht, kommt man gut und ohne großen Schaden damit zurecht.

- Reservieren Sie eine gewisse Menge an Zeit für die Beantwortung von Emails und für telefonische Rückrufe.
- Schreiben Sie Emails kurz und prägnant, aber trotzdem freundlich.
- Leiten Sie keine Witze und Junkmails weiter, vor allem wenn Sie das selbst für Zeitverschwendung halten.
- Lassen Sie Telefonate nicht in langwierige Unterhaltungen ausarten, die kostbare Zeit von anderen wichtigen Aufgaben abziehen.
- Haben Sie kein schlechtes Gewissen, wenn Sie Anrufer oder Besucher kurz halten, weil Sie an etwas Wichtigem arbeiten.

- Lassen Sie andere wissen, dass Sie beschäftigt sind, aber vergessen Sie nicht, dass das für die anderen auch gilt. Beiderseitiges Verständnis für zeitliche Zwänge sorgt für einen effizienteren Ablauf.
- Lassen Sie Bürogeplauder nicht zu einer zeitraubenden Ablenkung werden. Lassen Sie andere Menschen im Voraus wissen, dass Sie beschäftigt sind, sich aber gerne anhören, was sie zu sagen haben.
- Bedenken und respektieren Sie Zeit und Planung anderer Menschen.

Kollegen sind ein ganz natürlicher Teil des Arbeitstages – und manchmal sind sie nötig, um starke Beziehungen zwischen Kollegen aufzubauen. Allerdings können übertriebene Privatgespräche Minuten und Stunden Ihrer wertvollen Zeit verschlingen.

Gewöhnen Sie sich Konversationsphrasen an, mit denen Sie das dämpfen können. Wenn jemand unangekündigt zu Ihnen ins Büro kommt, weisen Sie ihn nicht grob ab. Blicken Sie auf, lächeln Sie und sagen Sie: „Schön, dich zu sehen. Ich stecke zwar mitten in dieser Sache, aber ich kann mir zwei Minuten nehmen und mir anhören, was du zu erzählen hast." Damit haben Sie einen Rahmen gesteckt, den die andere Person respektieren muss, und Sie haben genau gesagt, wie viel Zeit Sie übrig haben.

Blocken Sie die Menschen nicht ab – lassen Sie sie nur von vornherein wissen, dass Sie auf Ihre Zeit achten. Ihre Bemerkungen verlangen eine Kürze, die sonst nicht da wäre. Die Menschen lernen schnell und versuchen bald nicht mehr, Sie in lange Gespräche zu verwickeln.

EINEN GESUNDEN RHYTHMUS EINHALTEN

Auch wenn alles glatt läuft und Sie effektive Methoden des Zeitmanagements praktizieren, dürfen Sie nicht selbstgefällig werden. Wenn Sie mit einem Projekt dem Zeitplan voraus sind, verschwenden Sie keine kostbare Zeit mit Trödeln. Machen Sie stattdessen im gewohnten Tempo weiter. Tatsächlich ist der richtige Moment, auf das Gaspedal zu treten, wenn Sie dem Plan voraus sind, und nicht wenn Sie zurückliegen. Wenn Sie mit dem Rücken zur Wand stehen, können Sie nicht richtig um die Dinge feilschen, die Sie brauchen – zum Beispiel mehr Ressourcen –, weil Sie dann in einer schwachen Position sind. Das ist wie wenn man mit einem Auto Gas geben will, das dringend generalüberholt werden müsste.

Aber denken Sie auch an die Managerkrankheit. Wenn Sie effizient und selbstdiszipliniert sind, dann sind Sie vermutlich stolz darauf, wie viel Sie leisten können – und Sie könnten sich übernehmen, weil Sie meinen, dass Alles und Jedes Ihre höchste Aufmerksamkeit erfordert. Doch in Wahrheit kann Ihre Produktivität sinken und Sie könnten wertvolle Zeit verschwenden, wenn Sie zu viel machen. Wenn Sie Ihre Zeit zu voll packen, erschöpfen Sie sich schnell. Es könnte sogar sein, dass Sie sich ohne es zu merken von Menschen isolieren oder entfremden, mit denen Sie eigentlich Synergien entwickeln könnten, die zu noch größerer Produktivität führen.

Auf sich selbst zu achten ist in der Tat so wichtig, dass Sie das nicht dem Zufall überlassen sollten. Planen Sie Mini-Pausen in den Tag ein und gehen Sie irgendwo hin, wo Sie ungestört sind. Planen Sie die Wochenenden so, dass Sie sich am Sonntagabend nicht fragen, wann denn endlich die Erholung beginnt. Übersehen Sie nicht, wie sehr arbeitsfreie Zeiten Körper und Geist wieder herstellen und erneuern.

Solide Zeitmanagement-Methoden sind dafür gedacht, dass Sie Leben und Arbeit besser – nicht schlechter – im Griff haben. Wenn Sie Ihre Arbeitszeit aggressiv schützen – indem Sie Ihre Tätigkeiten vorausplanen –, können Sie es sich leisten, Arbeits- und Privatleben im Gleichgewicht zu halten.

Viele der produktivsten Menschen und der besten Zeitmanager sind keine Übermenschen, die rund um die Uhr arbeiten können und immer noch mehr tun. Das sind vielmehr

KERNPUNKTE

BLEIBEN SIE KONZENTRIERT UND IM RHYTHMUS

Wenn Sie auf der Arbeit zu locker werden, können Sie in schlechtes Zeitmanagement abrutschen. Wenn Sie zu sehr draufdrücken, können Sie sich allerdings aufarbeiten. Entwickeln Sie ein gutes Tempo und behalten Sie es bei, indem Sie:

- Unterhaltungen auf der Arbeit vermeiden, die Sie hinter den Plan zurückwerfen.
- die Menschen von vornherein wissen lassen, dass Sie bewusst auf Ihre Zeit achten.
- wissen, wann Sie Gas geben müssen oder locker lassen können, um die Fristen für die Punkte auf Ihrer Liste einzuhalten.
- Minipausen und Urlaub einplanen, damit Sie einen Rhythmus finden, der gesund für Sie ist.

diejenigen, die einen gleichmäßigen Rhythmus aufbauen und in gemäßigtem Tempo effizient voranschreiten. Sie gehen wie die Schildkröte in guter Verfassung durchs Ziel und haben gute Arbeit geleistet.

4 Zeitmanagement am Arbeitsplatz

„In manchen Bereichen geize ich mit meiner Zeit, damit ich in anderen Bereichen großzügig mit meiner Zeit umgehen kann."

– Stanley Marcus, Mitgründer von Neiman-Marcus (1905-2002)

Sie sind auf dem Weg, zum Herrn Ihrer Zeit zu werden. Jetzt müssen Sie noch berücksichtigen, wie Ihre Zeit von anderen Menschen beeinflusst wird. Im Büro ist kein Mitarbeiter eine Insel. Der Aufbau eines Arbeitsumfelds, in dem Zeitmanagement Priorität hat, verbessert nicht nur die Produktivität aller, sondern schafft auch eine respektvolle Atmosphäre.

TESTFRAGEN ZUR SELBSTEINSCHÄTZUNG

ZEITMANAGEMENT: PROBLEM ODER LÖSUNG?

Lesen Sie die folgenden Aussagen und kreuzen Sie bei jeder an, ob Sie ihr zustimmen oder nicht zustimmen. Zählen Sie dann Ihre Punkte zusammen und lesen Sie die Wertung am Schluss.

1. Wenn mir angeboten wird, dass ich für Überstunden bezahlt werde, versuche ich eine Lösung auszuhandeln, die sich eher an besserem Zeitmanagement als einfach nur mehr Stunden orientiert.
   ○ Stimme zu ○ Stimme nicht zu

2. Wenn mir eine Beförderung angeboten wird, wenn ich länger arbeite, versuche ich eine Lösung auszuhandeln, die sich eher an besserem Zeitmanagement als einfach nur mehr Stunden orientiert.
   ○ Stimme zu ○ Stimme nicht zu

3. Wenn ich mehr Prestige erwerben kann, wenn ich länger

arbeite, versuche ich eine Lösung auszuhandeln, die sich eher an besserem Zeitmanagement als einfach nur mehr Stunden orientiert.

○ Stimme zu ○ Stimme nicht zu

4. Wenn mir für Überstunden gar nichts angeboten wird, arbeite ich ungern mehr als meine vertragliche Wochenarbeitszeit.

○ Stimme zu ○ Stimme nicht zu

5. Wenn mir kein konkreter Gewinn für Überstunden angeboten wird, außer dass ich damit einem Kollegen helfe, den ich respektiere, bin ich bereit, mehr als meine Wochenarbeitszeit zu arbeiten.

○ Stimme zu ○ Stimme nicht zu

6. Wenn ich unter Druck gesetzt werde, ohne konkreten Gewinn Überstunden zu machen, um einem Chef zu helfen, den ich nicht mag, versuche ich eine Lösung auszuhandeln, die sich eher an besserem Zeitmanagement als einfach nur mehr Stunden orientiert.

○ Stimme zu ○ Stimme nicht zu

7. Wenn mir die Möglichkeit angeboten wird, kürzer zu arbeiten, ziehe ich die Vorteile von mehr privater Zeit ernsthaft in Betracht, auch wenn ich dann weniger Geld verdiene.
   ○ Stimme zu ○ Stimme nicht zu

8. Wenn mir angeboten wird, länger zu arbeiten, aber meine Familie das nicht will, gebe ich die Familienzeit nicht für die Arbeit auf.
   ○ Stimme zu ○ Stimme nicht zu

9. Wenn ich die Möglichkeit habe, länger zu arbeiten, fühle ich mich zuerst mir selbst, dann meiner Familie und meinen Freunden verpflichtet.
   ○ Stimme zu ○ Stimme nicht zu

10. Wenn ich die Möglichkeit habe, für ein Projekt Überstunden zu machen, das meinem persönlichen Fortkommen oder unmittelbar meiner Familie zugute kommt, packe ich die Gelegenheit beim Schopf, etwas Sinnvolles für Menschen zu tun, die mir etwas bedeuten.
    ○ Stimme zu ○ Stimme nicht zu

Punktewertung

Geben Sie sich für jede Frage, die Sie mit „stimme zu" beantwortet haben, 2 Punkte, und für jede Frage, die Sie mit „stimme nicht zu" beantwortet haben, 1 Punkt.

Auswertung

10-13 Sie brauchen vielleicht dringend Geld und ergreifen jede Gelegenheit, Überstunden zu sammeln, egal was Sie das sonst im Leben kostet. Das könnte an schlechtem Zeitmanagement, an schlechtem Geldmanagement oder an beidem liegen. Vielleicht beziehen Sie auch Ihr gesamtes Selbstwertgefühl oder den größten Teil davon aus der Arbeit. Oder Sie sind zu schüchtern, zu Autoritätspersonen „nein" zu sagen. Aus welchem Grund auch immer Sie in diesem Punktebereich gelandet sind, Ihre Handlungsweise deutet auf ein ernstes Problem mit Ihrem Zeitmanagement hin.

14-17 Sie gehen relativ ausgeglichen an Arbeit und Leben heran. Sie sind allerdings anfällig dafür, sich von Chefs manipulieren zu lassen, die Zeit verschlingen wollen, die eigentlich Ihnen gehört. Passen Sie auf, dass Sie sich nicht zu Aufgaben überreden lassen, die Ihre wertvolle Zeit aufzehren. Ab einem gewissen Punkt müssen Sie entscheiden, was Ihnen wirklich etwas wert ist, und das muss sich in der Wahl niederschlagen, wie Sie Ihre Zeit nutzen.

18-20 Ihnen ist klar, dass Sie dank Zeitmanagement in kürzerer Zeit mehr schaffen können. Sie haben auch ein starkes Empfinden für die Grenzen zwischen Arbeitszeit und privater Zeit. Darüber hinaus leiten Sie Ihre Identität und Ihr Selbstwertgefühl eher nicht aus Ihrer Arbeit ab. Ihre persönliche Zeit und Ihre Beziehungen zur Familie und Freunden sind Ihnen etwas wert. Sie laufen Gefahr, sich zu sehr von der Arbeit zu lösen und die Zeit nicht ausgeglichen zu nutzen.

Tatsächlich bilden Respekt und Konzentration den Kern des Zeitmanagements – was Ihre Zeit und die Zeit anderer Menschen angeht. Die Rücksichtnahme auf die Zeit Ihrer Untergebenen, Kollegen und Vorgesetzten erfordert genauso viel Disziplin wie Schutz und Organisation Ihrer eigenen

Zeit. Menschen zu ermuntern, dass sie sich weiter auf ihre Ziele und auf Aufgaben konzentrieren, die für das Unternehmen von entscheidender Bedeutung sind – und ihre Zeit der Erfüllung dieser Ziele zu widmen – kann eine Herausforderung sein.

DIE ZEIT ANDERER MENSCHEN RESPEKTIEREN

Wie wichtig es ist, die Zeit anderer Menschen zu respektieren, können Sie vielleicht am besten abschätzen, wenn Sie daran denken, wie Sie sich fühlen, wenn ein Vorgesetzter, ein Kollege oder ein Untergebener Ihre Zeit verschwenden – vor allem wenn Sie gerade schwer beschäftigt sind. Kollegen stellen täglich Ansprüche an Ihre Zeit: durch konfuse Botschaften, unklare Erwartungen, Gespräche über unwichtige Themen, unnötige Besprechungen und dadurch, dass sie zu spät zu Besprechungen kommen. Und im Gegenzug muss Ihnen klar sein, dass auch Sie Ansprüche an die Zeit anderer Menschen stellen.

EFFIZIENT KOMMUNIZIEREN

Entscheidend für den respektvollen Umgang mit der Zeit anderer Menschen ist gute Kommunikation. Wenn Sie eine Botschaft nicht klar vermitteln können, senden Sie einer Kollegin vielleicht eine Geschichte vom Pferd, die nur ihre kostbare Zeit verschwendet. Wenn Sie Ihren Untergebenen nicht deutlich vermitteln, was Sie von ihnen erwarten, verstehen sie Ihre Anweisungen vielleicht falsch und verschwenden Mühe auf unnötige Aufgaben. Wenn Sie 20 Minuten brauchen, um Ihrem Chef eine einfache Angelegenheit zu erklären, trifft er sich beim nächsten Mal vielleicht nur ungern mit Ihnen, weil er weiß, dass Sie seine Zeit über Gebühr beanspruchen.

„Wenn Konzentration die nötige Energie und Aufmerksamkeit liefert, damit die richtigen Handlungen erfolgen, und wenn das Urteilsvermögen (Prioritäten) die Aufmerksamkeit und die Kriterien liefert, damit man weiß, welche Handlungen unternommen werden müssen, dann bietet Organisation den Raum, in dem die richtige Handlung stattfindet."

– Michael E. Gerber, Autor von *E-Myth Mastery*.

FALLBEISPIEL

DAS ZEITTAGEBUCH

Als der ehemalige Chefvolkswirt der Weltbank und ehemalige US-Finanzminister Lawrence H. Summers in Harvard lehrte, beklagten sich seine Studenten, sie hätten nicht genug Zeit. Deshalb brachte er ihnen bei, Zeittagebücher zu führen. Er ließ sie aufschreiben, wie viel Zeit sie jeden Tag mit welchen Aktivitäten verbrachten: Schlafen, Essen, Arbeiten schreiben, Sport treiben und so weiter. So erkannten die Studenten, wie sie ihre Zeit verbrachten, und konnten anhand dieser Information etwas ändern.

Auch viele andere Management-Gurus und erfolgreiche Geschäftsleute führen Zeittagebücher. Zum Beispiel empfahl Peter F. Drucker ihre Verwendung sehr. Und James L.S. Collins, der ehemalige Präsident von Chick-fil-A, fand diese Methode so praktisch, dass er nie damit aufgehört hat.

Quelle: *Time Tactics of Very Successful People* von B. Eugene Griessman (McGraw-Hill 1994).

Wenn Sie eine Email oder eine sonstige Nachricht schreiben, nehmen Sie sich die Zeit, Ihre Gedanken zu strukturieren und von belanglosen Informationen zu reinigen. Lassen Sie die Botschaft nicht im Stil eines Gedankenstroms fließen. Halten Sie Mitteilungen kurz und bündig, aber freundlich. Die Kollegen wissen Ihre Kürze zu schätzen. Wenn Sie gewisse Emails für Zeitverschwendung halten, geht es Ihren Kollegen vermutlich genauso. Wenn Ihnen weitergeleitete Email-Scherze sinnlos erscheinen, leiten Sie sie nicht weiter.

Wenn Sie jemanden anrufen, lassen Sie ihn wissen, dass Sie höchstens ein paar Minuten seiner Zeit in Anspruch nehmen wollen. Er wird erleichtert sein, dass Sie seine Zeit ernst nehmen und wird für das Gespräch wahrscheinlich empfänglicher sein.

Achten Sie auf verbale und nonverbale Hinweise. Wenn Sie uneingeladen zu jemandem ins Büro kommen und er lässt sich nicht gleich auf eine zwanglose Unterhaltung ein, muss Ihnen klar sein, dass diese Person wahrscheinlich versucht, sich auf eine wichtige Aufgabe zu konzentrieren, und dabei nicht gestört werden will. Wenn Sie unaufgefordert ein Büro betreten, fangen Sie nicht gleich mit einer Diskussion an; fragen Sie lieber, ob gerade ein guter Zeitpunkt zum Reden ist, und respektieren Sie die Antwort. Wenn sie lautet, dass der Zeitpunkt nicht günstig ist, beharren Sie nicht

ÜBER DEN TELLERRAND

MACHEN SIE SICH EINE „MACHER"-HALTUNG ZU EIGEN

Die Zeit kann Ihnen das Beste nehmen – oder Sie können aus der Zeit das Beste machen. Damit die Zeit für Sie arbeitet, müssen Sie zur Tat schreiten.

Wenn Sie sich über etwas ärgern, dann sagen Sie es und tun Sie etwas dagegen – schieben Sie es nicht auf. Ändern Sie, was sich ändern lässt; lassen Sie sein, was sich nicht ändern lässt – und zwar schnell. Wenn Sie merken, dass Sie sich anspannen, atmen Sie tief durch, machen Sie Pause und fahren Sie herunter. Ein paar Momente der Sammlung können Sie vor falschen, zeitraubenden Entscheidungen bewahren. Wenn Sie einen Fehler gemacht haben, vergeuden Sie keine Zeit damit, dass Sie sich damit aufhalten. Machen Sie so bald wie möglich weiter. Wenn Sie kritisiert werden, nehmen Sie nur an, was stimmt, und lassen Sie den Rest sein. Wenn Sie jemanden kritisieren wollen, hören Sie damit auf, bevor Sie Ihre Zeit und die der anderen Person verschwenden. Verschwenden Sie in Diskussionen keine Zeit mit dem Versuch zu beweisen, dass Sie recht haben; suchen Sie lieber nach Gemeinsamkeiten – es gibt sie.

Denken Sie daran: Alle Zeit, die Sie sparen, ist Zeit für Sie.

darauf, sondern fragen Sie, ob sie einen anderen Zeitpunkt ausmachen könnten.

Achten Sie bei der Kommunikation mit Ihrem Chef ganz besonders auf die Zeit. Manche Menschen bekommen von ihrem Chef so wenig Aufmerksamkeit, dass sie sie an sich reißen, wenn sie sie endlich einmal haben. Aber wenn Sie Ihren Chef erdrücken, wird er ungeduldig, weil Sie seine Zeit nicht zu schätzen wissen. Schreiben Sie vor der Besprechung mit dem Chef eine Liste der Punkte, die Sie besprechen wollen, und gehen Sie das Gespräch geistig durch. Achten Sie auf Signale von Ihrem Chef, an denen Sie erkennen, wie viel Informationen er haben möchte. Liefern Sie die Informationen, bleiben Sie bei der Sache und treiben Sie die Unterhaltung zügig voran. Sie sollten die wichtigsten Informationen in der optimalen Zeit liefern. Ihr Chef merkt vielleicht nicht bewusst, dass Sie seine Zeit respektieren, aber er wird sich freuen und seine Tür steht Ihnen immer offen.

Seien Sie bei Besprechungen derjenige, der die zeitlichen Aspekte von Projekten anspricht, vor allem im Hinblick auf andere Abteilungen. Sagen Sie zum Beispiel: „Ich weiß, dass Zeit für alle wertvoll ist", oder „Ich weiß, dass Ihre Zeit wertvoll ist." Damit senden Sie die klare Botschaft, dass Sie die Zeit anderer Menschen respektieren und nicht die Absicht haben, sie zu verschwenden. Das wird bestimmt honoriert. Und was noch wichtiger ist, Sie nehmen dann im

KERNPUNKTE

GUTE KOMMUNIKATION SPART ZEIT

Nichts zeigt besser, dass Sie die Zeit anderer Menschen respektieren, als die Art, wie Sie kommunizieren:

- Fassen Sie sich in schriftlichen Mitteilungen, vor allem in Emails, kurz.
- Lassen Sie Menschen, die Sie anrufen, immer wissen, dass Sie nicht mehr als ein paar Minuten ihrer Zeit beanspruchen wollen – und halten Sie dieses Versprechen auch.
- Platzen Sie nicht einfach in ein Büro herein; fragen Sie die betreffende Person lieber, ob sie gerade Zeit zum Reden hat – und respektieren Sie ihre Antwort.
- Gehen Sie mit der Zeit Ihres Chefs besonders achtsam um. Reißen Sie sie nicht an sich!

Hinblick auf den Einsatz von Zeit und Ressourcen eine führende Stellung ein – die Menschen identifizieren Sie mit Initiative und Respekt.

„Mir ist es egal, wie viel Kraft, Brillanz oder Energie Sie haben; wenn Sie sie nicht ergreifen, sie auf ein konkretes Ziel richten und dort lassen, werden Sie nie so viel erreichen wie Ihre Fähigkeiten erlauben."

– Zig Ziglar

PÜNKTLICH SEIN

„Pünktlich von Sonnenaufgang bis Sonnenuntergang", sagen Manager der alten Schule. Schlechtes Zeitmanagement wirkt sich fast immer auf den täglichen Zeitplan aus. Wenn es Ihnen nicht gelingt, richtig einzuschätzen, wie lange Sie für das brauchen, was Sie tun müssen, und wenn Sie nicht rechtzeitig für den Umgang mit unerwarteten Störungen vorbauen, sind Sie wahrscheinlich nicht in der Lage, Ihren Zeitplan einzuhalten. Dadurch geraten Sie mit Ihren Aufgaben in Verzug, und ehe Sie sich's versehen, kommen Sie zu einer Verabredung, einer Besprechung, einer Telefonkonferenz oder einer wichtigen Frist zu spät.

DAS GROSSE GANZE

SICH AUF DIE RICHTIGEN DINGE KONZENTRIEREN

Zeitmanagement und Organisation gehören zu den Fähigkeiten, die bei Unternehmensschulungen am häufigsten gelehrt werden. Das Problem mancher Zeitmanagement-Schulungen besteht darin, dass den Menschen meist in erster Linie beigebracht wird, wie man Dinge effektiver erledigt. Aber wenn Sie sich nicht dauernd darauf konzentrieren, diejenigen Dinge zu erkennen und zu erledigen, die wesentliche Auswirkungen auf Ihre Arbeit haben oder die Ihnen wichtig sind, führt die bessere Organisation am Ende nur dazu, dass Sie Ihre Zeit mit bedeutungslosen und unwichtigen Aufgaben füllen, die Sie langfristig noch mehr frustrieren.

Quelle: *The 10 Natural Laws of Successful Time and Life Management* von Hyrum W. Smith (Warner Business Books 1995).

EIN PAAR ZAHLEN

WAS IST IHRE ZEIT WERT?

Es kann uns allen etwas bringen, wenn wir unserem Gefühl für Zeit einen anderen Rahmen geben. Wie kann man eine erfolgreiche Stunde nach der anderen verbringen? Drücken wir das in Zahlen aus:

- Jemand, der 30.000 Dollar im Jahr verdient, verdient rund 30 Cent pro Minute oder 18 Dollar pro Stunde.
- Jemand, der 50.000 Dollar im Jahr verdient, verdient rund 50 Cent pro Minute oder 30 Dollar pro Stunde.
- Jemand, der 75.000 Dollar im Jahr verdient, verdient rund 75 Cent pro Minute oder 45 Dollar pro Stunde.
- Jemand, der 100.000 Dollar im Jahr verdient, verdient rund 1 Dollar pro Minute oder 60 Dollar pro Stunde.

Wenn Sie sich am Ende jedes Tages einen geistigen Scheck über die Minuten und Stunden ausstellen würden, die Sie effektiv genutzt haben, auf wie viel würde der sich belaufen? Wenn Sie sich die verschwendeten Minuten und Stunden in

Rechnung stellen müssten, welche Summe ergäbe das? Würden Sie am Ende des Tages Gewinn oder Verlust machen?

Quelle: *Führungsqualität in Krisenzeiten* von Danny Cox mit John Hoover (McGraw-Hill 2002).

Pünktlichkeit ist eine Geste des Respekts für die Zeit anderer Menschen. Aber die Person, der Ihre Unpünktlichkeit am meisten schadet – vor allem wenn Sie regelmäßig zu spät kommen –, sind Sie selbst. Wenn man sich als überlegener Zeitmanager profilieren will, ist es ein Pluspunkt, wenn man als pünktlich bekannt ist.

Wenn Sie pünktlich sein wollen, müssen Sie sich angewöhnen, im Voraus zu planen. Wenn Sie vorhaben, einen Flug zu bekommen, schauen Sie ja nicht erst an dem Morgen, an dem Sie fliegen wollen, nach der Abflugzeit. Sie schauen spätestens einen Tag vorher, damit Sie entscheiden können, wann und wie Sie zum Flughafen fahren. Warum sollte man die pünktliche Ankunft auf einer Besprechung anders planen? Planen Sie die Besprechung im Voraus, indem Sie sich von Ihrem Kalender daran erinnern lassen, und setzen Sie mehr als genug Zeit an, um an den Ort der Besprechung zu gehen.

DOS & DON'TS

PÜNKTLICHKEITSREGELN

Wenn man pünktlich zu Besprechungen und Terminen geht, verschwendet man nicht nur weniger Zeit, es ist auch eine sehr gute Möglichkeit, Respekt für die Zeit anderer Menschen zu beweisen.

- Planen Sie im Voraus, indem Sie sich von Ihrem Kalender erinnern lassen.
- Kommen Sie zu Besprechungen und Terminen ein paar Minuten vorher.
- Fangen Sie Besprechungen nicht wegen Zuspätkommern zu spät an.
- Bringen Sie Ihren Zeitplan nicht dadurch durcheinander, dass Sie zu spät von Besprechungen zurückkommen. Wenn die Besprechung länger dauert, entschuldigen Sie sich.
- Achten Sie darauf, dass Sie zu Terminen mit Vorgesetzten pünktlich kommen.
- Gehen Sie nicht davon aus, dass Ihre Teammitglieder wissen, wie wichtig Pünktlichkeit ist. Erinnern Sie sie regelmäßig

> daran, dass Pünktlichkeit die Produktivität erhöht und den Stress in der Abteilung verringert.

Außerdem können Sie Ihren Tag nicht im Plan halten – und anderen bei der Einhaltung ihrer Pläne helfen –, wenn Sie zu spät aus einer Besprechung herauskommen. Wenn eine Besprechung länger dauert, entschuldigen Sie sich, sobald die Hauptpunkte besprochen sind, und erklären Sie, dass Sie eine anderweitige Verpflichtung haben. Bitten Sie jemanden, für Sie während der restlichen Besprechung Notizen zu machen. Sie können auch einen Termin beenden, indem Sie sich taktvoll, aber entschieden entschuldigen. Sie sind jetzt ein Manager mit einem Auftrag und dazu gehört es, nicht zu überziehen.

Achten Sie besonders darauf, dass Sie die Zeit Ihres Chefs respektieren, selbst wenn er Ihre Zeit regelmäßig verschwendet. Wenn Ihr Chef Sie um zwei Uhr erwartet, seien Sie ein paar Minuten früher da – auch wenn das bedeutet, dass Sie warten müssen. Sie können nicht einfach beschließen, dass das, was Sie tun, wichtiger ist als die Besprechung mit Ihrem Chef. Wenn Ihr Chef chronisch zu spät kommt, sorgen Sie dafür, dass Sie vorbereitet sind – und dass er vorbereitet ist –, indem Sie ihm schon vorher die Tagesordnungspunkte zukommen lassen, damit er sich vor dem Termin gedanklich darauf einstellen kann. Sie können ihn vorsichtig an die Besprechung erinnern, indem Sie fragen: „Soll ich noch irgendetwas vorbereiten, damit die Besprechung um zwei reibungslos klappt?“ Wenn Ihr Chef trotzdem zu spät zu der Besprechung kommt, können Sie dank der guten Vorbereitung wenigstens die Diskussion beschleunigen und dafür sorgen, dass die Besprechung produktiv ist und dass sie pünktlich endet.

Wenn Sie pünktlich sind, geben Sie außerdem den Mitarbeitern ein gutes Beispiel. Gehen Sie nicht davon aus, dass die Menschen wissen, wie man pünktlich ist. Erinnern Sie sie daran, dass es wichtig ist, Besprechungen pünktlich anzufangen und zu beenden, und dass es Zeitverschwendung für alle ist, wenn man Besprechungen neu anfängt, weil jemand zu spät dazugekommen ist. Außerdem ist das repsektlos denen gegenüber, die pünktlich gekommen sind. Wenn Sie dafür sorgen, dass Ihre Untergebenen regelmäßig pünktlich sind, wird in Ihrer Abteilung weniger Zeit verschwendet.

Es ist von entscheidender Bedeutung, dass Sie im Hinblick auf Zeitmanagement mit gutem Beispiel vorangehen und dass Sie die Zeit anderer Menschen respektieren. Fangen Sie damit an, dass Sie erklären, warum und wie Sie Ihre Zeit bewerten. Vergessen Sie nicht, dass die Art, wie Sie

KERNPUNKTE

AUF ZEIT GEPOLT

Die besten Managementfähigkeiten helfen Ihnen nicht viel, wenn Sie sich auf die falschen Aufgaben konzentrieren. Ein überlegener Zeitmanagement-Plan hilft Ihnen bei der Entscheidung, wie Sie Ihre Energie am besten einsetzen. Bedenken Sie:

- Gutes Zeitmanagement hilft Ihnen, sich auf die anstehende Aufgabe zu konzentrieren.
- Die Mitteilung Ihres Plans ist eine gute Möglichkeit, die Leute wissen zu lassen, wann sie Sie in Ruhe lassen sollten.
- Wenn man lernt, zu Zeitverschwendern „nein" zu sagen, ist das, wie wenn man zusätzliche Zeit kauft.
- Sich auf das Zeitmanagement zu konzentrieren heißt, sich auf seine Arbeit zu konzentrieren

Ihre – und deren – Zeit schützen und das Bestmögliche daraus machen, einen Maßstab für alle setzt, die Ihnen unterstellt sind. Wenn Sie beständig das Verhalten

demonstrieren, das Ihre Mitarbeiter annehmen sollen, wird Ihr Beispiel wirken.
Das gilt auch für Ihre Kollegen. Sie haben zwar keine offizielle Macht, etwas an dem Umgang Ihrer Kollegen mit Zeit zu ändern, aber Sie können sie dazu ermuntern, pünktlich zu Terminen und Besprechungen zu erscheinen, vor allem wenn Sie beide hingehen; Sie können ihnen eine kurze, freundliche Erinnerung schicken. Es gibt immer Umstände, die sich Ihrer Kontrolle entziehen, aber insoweit Sie Ihren Zeitplan aufstellen und umsetzen können, kommt Pünktlichkeit (wofür man nötigenfalls schlechte Angewohnheiten ablegen muss) sowohl Ihnen als auch anderen zugute.

KONZENTRIERT BLEIBEN

Konzentriert bei der Sache bleiben bedeutet, dass man lernt, Aufgaben auf Eis zu legen, die keine sofortige Aufmerksamkeit erfordern, die Bedürfnisse anderer Menschen zu managen, indem man ihnen mitteilt, wie man seine Zeit nutzt, und gegebenenfalls „nein" zu sagen.
Das heißt nicht, dass man alles ignoriert, was einen von seinen Aufgaben abhält – man will sich ja nicht isolieren und das Geschehen um einen her aus dem Blick verlieren. Bei der Konzentration auf die Sache geht es darum, dass man Ablenkungen nicht vollständig ausblendet, sondern sie managt.

Wenn schlechte Zeitmanagement-Gewohnheiten zulassen, dass Ablenkungen Sie von Ihren Zielen abbringen, können Sie durch Konzentration wieder auf den rechten Weg kommen. Wenn Sie beispielsweise gebeten werden, zusätzliche Arbeit zu übernehmen, stellen Sie klar, dass Ihre Verfügbarkeit von den Prioritäten abhängt, auf die Sie sich derzeit konzentrieren. „Ich versuche auf jeden Fall zu helfen", sagen Sie, während Sie in ihren Zeitplan schauen. „Mal sehen, ob das noch in meinen Zeitplan passt."

IHR TEAM BEI DER STANGE HALTEN

Wenn Ihnen Ihre Teammitglieder sozusagen die Haare vom Kopf fressen, können Sie mit ziemlicher Sicherheit davon ausgehen, dass sie nicht gut im Zeitmanagement sind und dass sie sich nicht richtig konzentrieren. Ihr Scheitern beim Erreichen von Zielen und Aufgaben wird zu Ihrem Scheitern. Sie müssen einschreiten und ihnen helfen zu lernen, sich auf die richtigen Dinge zu konzentrieren und Ablenkungen zu managen.

Als Chef sind Sie derjenige, der letztlich die Verantwortung für die gute Verwaltung aller Ressourcen hat – insbesondere Zeit –, die Ihnen und Ihrer Abteilung zur Verfügung stehen. Das bedeutet, dass Sie alles tun, was Sie können, um die Effizienz und das Zeitmanagement der Angehörigen

UNTERM STRICH

AUF ZEITMANAGEMENT KONZENTRIERT BLEIBEN

Den Respekt für die Zeit anderer Menschen zu pflegen ist der erste Schritt auf dem Weg zur Bildung einer Organisation, die darauf ausgerichtet ist, möglichst viel Zeit verfügbar zu machen. Aber Zeit sparen bringt trotzdem nicht viel, wenn die Menschen die gesparte Zeit auf die falschen Aufgaben verwenden. Der Schlüssel zum effektiven Zeitmanagement ist Konzentration. Wenn Sie sich auf ein Ziel oder eine Aufgabe konzentrieren, verwenden Sie Ihre gesamten geistigen und körperlichen Energien auf deren Erreichung. Wenn Sie sich konzentrieren und klar auf Ihre Ziele, Aufgaben und Prioritäten gerichtet bleiben, können Sie die Störungen und Ansprüche von anderen Menschen besser abwehren, die den Erfolg zu gefährden drohen. Wenn Sie auf die Sache konzentriert sind, haben Sie die Zeit unter Kontrolle: Sie wissen, was wichtig ist, Sie kennen Ihre Prioritäten und Sie wissen, wie man überhaupt Prioritäten setzt.

Ihrer Gruppe zu verbessern. Sie können an dieses Ziel zum Beispiel so herangehen, dass Sie sich an den Spruch erinnern, dass man etwas am besten lernen kann, wenn man es lehrt. Das Klügste, was Sie zur Verbesserung des Zeitmanagements der anderen tun können, ist gegenseitiges Lehren. Sie können Ihr Team entweder auf Makro- oder auf der Mikro-Ebene dazu ermuntern, positive Zeitmanagement-Fähigkeiten zu übernehmen.

DIE MAKRO-METHODE

Stellen Sie einen Zeitmanagement-Plan auf: Wenn Sie sich auf das Zeitmanagement in Ihrer Abteilung konzentrieren, fangen Sie und Ihre Mitarbeiter an, einander in einer gemeinsamen Anstrengung zu unterstützen. Diskutieren Sie über Möglichkeiten, die Zeitverschwendung in besonders ineffizienten Bereichen Ihrer Abteilung zu verhindern. Schaffen Sie ein informelles Forum, in dem Ihre Mitarbeiter Tricks zur Zeitersparnis miteinander teilen können. Manche Menschen haben von Natur aus ein Gefühl für die effiziente Nutzung der Zeit, und von ihrem Wissen können alle profitieren. Vergessen Sie nicht, auch selbst Vorschläge zu machen. Skizzieren Sie dann einen Zeitmanagement-Plan, mit dem sich jeder auf Aufgaben und Zielvorgaben konzentrieren kann, die die Ziele des Unternehmens fördern.

KERNPUNKTE

ZEITMANAGEMENT FÜR TEAMS IN AKTION

Wenn die Mitglieder Ihres Teams ihre Zeit nicht unter Kontrolle haben, leiden ihre Produktivität und ihre Effizienz darunter. Hier nun ein paar Möglichkeiten, das Zeitmanagement Ihres Teams zu verbessern:

- **Mit gutem Beispiel vorangehen** – Seien Sie der erste, der in die Zeitmanagement-Schule geht. Setzen Sie die gelernten Methoden in die Praxis um.

- **Machen Sie alle darauf aufmerksam, dass Zeit wichtig ist –** Respektieren Sie die Zeit anderer Menschen und drängen Sie sie dazu, auch die Ihre zu respektieren.

- **Stellen Sie einen Zeitmanagement-Plan für Ihr Team auf –** Diskutieren Sie Möglichkeiten, wie die gesamte Gruppe Zeit verschwendende Anstrengungen abschaffen kann.

- **Geben Sie der richtigen Person die richtigen Arbeiten –** Wenn die natürlichen Fähigkeiten einer Person nicht zu ihrer Arbeit passen, machen sich Langeweile und Unruhe breit, was zu verschwendeter Mühe führt.

- **Organisieren Sie Ihren Arbeitsplatz –** Wie Sie Ihren Platz nutzen – wie Sie Arbeitsbereiche gestalten, wie Sie Aktenschränke und andere Aufbewahrungen anordnen –, kann sich erheblich auf die Produktivität und Effizienz der Gruppe auswirken.

„Es ist nie Zeit, es richtig zu machen, aber es ist immer Zeit, es noch einmal zu machen."

– Meskimens Gesetz

Geben Sie allen im Team Verantwortung für Zeitmanagement, aber vergessen Sie nicht, dass Sie als Chef vom Dienst mit gutem Beispiel vorangehen müssen. Dafür brauchen Sie nicht zum Zeitmonster zu werden und alle unerbittlich

PLAN B

BREMSEN SIE, UM ZEIT ZU SPAREN

Gutes Zeitmanagement bedeutet nicht unbedingt, dass man sich in Aktion stürzt. Schnelle, lockere Entscheidungen mögen kurzfristig funktionieren, aber zu viele hastig getroffene schlechte Entscheidungen können sich als kleine Ersparnis und große Verschwendung erweisen. Es geht ja schon schnell, wenn man das Loch im Tor zur Laderampe mit Isolierband flickt, aber wenn man sich die Zeit nimmt, es richtig zu reparieren – oder sogar ein neues Tor einzubauen –, spart man später viel mehr Zeit. Wenn Sie mit einem Problem konfrontiert sind, nehmen Sie sich die Zeit, alle vorhandenen Lösungen und Alternativen aufzuschreiben. Bevor Sie eine Entscheidung fällen, bedenken Sie den Wert der Zeit, die langfristig gespart wird, wenn man eine langsamere, aber dauerhaftere Lösung wählt.

Quelle: *The 25 Best Time Management Tools and Techniques* von Pamela Dodd und Doug Sundheim (Peak Performance Press 2005).

anzutreiben. Mitarbeiter sind auch nur Menschen, und ihre Zeitmanagement-Pläne können auch einmal ein bisschen

EIN PAAR ZAHLEN

ZEIT, BEWEGUNG UND OUTPUT

Manche Unternehmen maximieren mithilfe von Zeit- und Bewegungsstudien ihre Effizienz. Zeitstudien zeichnen die Zeit auf, die für die Bewältigung jeder Aufgabe gebraucht wird, damit für jeden Arbeitsgang Zeitstandards gesetzt werden können. Bewegungsstudien analysieren jede Bewegung, die bei der Erledigung jeder Aufgabe ausgeführt wird. Auch wenn es mühselig erscheint, Zeit und Bewegung so genau zu untersuchen – das ist die einzige Möglichkeit, die effizienteste Handlungsabfolge zu finden und Standards zu setzen, anhand derer man Leistung und Wachstumspotenzial eines Unternehmens voraussagen kann.

Quelle: *The Small Business Handbook* von Irving Burstiner (Fireside 1997).

wackeln. Wenn Sie zu hart zu ihnen sind, nehmen sie es Ihnen übel und legen die Verantwortung nieder. Legen Sie Messlatten fest, anhand derer Sie die gemeinsamen Fortschritte der Gruppe in Richtung Abschluss von Aufgaben,

EIN PAAR ZAHLEN

SIE SIND NICHT SO PRODUKTIV, WIE SIE GLAUBEN

Wie viele Ihrer Arbeitsstunden sind wirklich produktiv – produktiv im Sinne von Einnahmen? Wie viele Stunden verbringen Sie mit Wegen, mit Papieren, mit Besprechungen, Gesprächen mit Lieferanten und ähnlichen Tätigkeiten? Eine Studie über Vorstandsvorsitzende von Fortune-500-Unternehmen hat ergeben, dass die Vorstandsvorsitzenden im Durchschnitt 28 Minuten am Tag wirklich produktiv sind.

Quelle: *No B.S. Time Management for Entrepreneurs* von Dan Kennedy (Entrepreneur Press 2004).

Zielvorgaben und Zielen überwachen können. Prüfen Sie ständig, wie die Zeit besser genutzt werden könnte. Machen Sie die Aktualisierung des Zeitmanagement-Plans zu einer Priorität.

Schleifen Sie Ihr Organisationsgeschick: Wenn Sie angefangen haben, Prioritäten zu setzen, und wenn Sie Ihre Mitarbeiter so organisiert haben, dass sie möglichst zeiteffizient funktionieren, verbessern Sie Ihr Geschick im Organisations-

FALLBEISPIEL

ORGANISATOREN BAUEN ORGANISATIONEN AUF

Vieles deutet darauf hin, dass die entscheidenden Personen im Aufbaustadium von visionären Unternehmen stärker organisatorisch orientiert sind als in vergleichbaren, aber eher nicht visionären Unternehmen, und zwar unabhängig vom persönlichen Führungsstil. So spielte zum Beispiel Jack Welch eine große Rolle bei der Wiederbelebung von GE, und er gab der Reorganisation eine hohe Priorität.
Welchs Führung rettete unter anderem die notleidende Lokomotivenabteilung des Unternehmens, sodass sie an die Spitze der Branche schoss. In den Werken von GE wurden die Lokomotiven schneller und kostengünstiger repariert und wieder in Dienst gestellt als je zuvor. Die Ergebnisse des Lokomotiventeams waren einfach erstaunlich. Die überlegene Organisation sparte Zeit und brachte mehr Profit.

Quelle: *Immer erfolgreich* von Jim Collins und Jerry Porras (HarperBusiness 2004).

aufbau. Wenn Sie dafür sorgen, dass alle Mitarbeiter Ihrer Abteilung an der Stelle sitzen, die zu ihren Fähigkeiten passt, können Sie langfristig kostbare Zeit sparen. Wenn die natürlichen Begabungen und Fähigkeiten einer Person nicht zu ihrer Arbeit passen, können Langeweile, Unruhe und Ärger aufkommen. Das hat zur Folge, dass Zeit vergeudet wird. Je mehr Positionen fehlbesetzt sind, umso komplexer wird die Herausforderung Zeitmanagement. Wenn Sie Ihre Mitarbeiter an Aufgaben arbeiten lassen, die zu ihren Fähigkeiten passen und die die Tätigkeiten der Kollegen ergänzen, stellen Sie sicher, dass Sie die Zeit, die Sie haben, mit der größtmöglichen Effizienz nutzen.

Lernen Sie von anderen Abteilungen: Wenn Sie eng mit einer anderen Abteilung zusammenarbeiten, die nach einem anderen Kalender und Zeitplan arbeitet als Sie, sprechen Sie mit Ihren Kollegen in anderen Bereichen und finden Sie heraus, wie Sie Zeit- und Zielpläne koordinieren und damit die Zusammenarbeit der Abteilungen so effizient gestalten können wie möglich. Sie können auch von den dort üblichen erprobten Methoden etwas lernen und herausfinden, wie dort Energie und Mühe konzentriert werden und wie dort die Zeit gemanagt wird, um die größte Effizienz zu erzielen. Wie wird dort die Zeit im Verhältnis zu der finanziellen Performance des Unternehmens bewertet? Die Verfahren der anderen Abteilung können auch ein Licht darauf werfen, wo

DOS & DON'TS

ZEITMANAGEMENT UND DIE ORGANISATION

Gutes Zeitmanagement wird selten aus dem Augenblick geboren. Was Sie erreichen wollen, muss im Voraus durchdacht und sorgfältig geplant werden.

- Betrachten Sie die Zeiteffizienz Ihrer gesamten Gruppe.
- Erstellen Sie einen Zeitmanagement-Plan für sich selbst und für Ihre Abteilung.
- Vergessen Sie nicht, dass Sie mit Ihrer Zeitverwendung ein Beispiel geben.
- Seien Sie pünktlich und respektieren Sie die Zeit anderer Menschen.
- Ignorieren Sie nicht die Zeitplanungstricks, die Sie von Ihren Mitarbeitern oder von anderen Abteilungen lernen können.
- Organisieren Sie Ihren Arbeitsbereich möglichst effizient.
- Arbeiten Sie nicht so schnell und hektisch, dass die Qualität Ihrer Arbeit darunter leidet.
- Planen Sie eine Strategie, wie Sie Ihrem Chef helfen können, die Zeit effizienter zu nutzen.

- Lassen Sie nicht zu, dass die schlechten Zeitmanagement-Gewohnheiten Ihres Chefs Ihren Zeitplan durcheinanderbringen.
- Weisen Sie Mitgliedern Ihres Teams Verantwortung für Zeitmanagement zu.
- Verschwenden Sie nicht mit sinnlosen Aufträgen die Zeit anderer Menschen.
- Lassen Sie nicht zu, dass Störungen und Ablenkungen Ihnen die Konzentration auf das Zeitmanagement rauben.

Sie Zeit, Mühe und Ressourcen verschwenden. Je mehr Informationen Sie mit anderen Gruppen, Abteilungen, Bereichen oder Organisationen teilen, umso solider wird das Fundament Ihrer Bemühungen um unternehmensweit integriertes Zeitmanagement.

DIE MIKRO-METHODE

Organisieren Sie Ihren Arbeitsbereich: Die Art, wie Sie den Arbeitsraum Ihres Teams organisieren, kann dazu beitragen, dass die Teammitglieder Zeit sparen und dass sie sowohl auf ihre Ziele als auch auf die des Unternehmens konzentriert bleiben. Psychologen haben kürzlich herausgefunden,

KERNPUNKTE

ORGANISIEREN UND ANERKENNEN

Man kann sich gut vorstellen, dass man viel schafft, wenn man auf vollen Touren arbeitet. Wenn man Dinge suchen muss, die bei einer besseren Organisation leichter auffindbar wären, verliert man Zeit. Wenn Menschen gute Organisations- und Zeitmanagement-Fähigkeiten beweisen, erkennen Sie das an.

- Organisieren Sie den Arbeitsbereich gut, damit sich die Menschen schnell und effizient bewegen können.
- Befreien Sie Ihren physischen Raum von Unordnung, damit Informationen leichter zugänglich werden.
- Leiten Sie Ihre Mitarbeiter zu guter Organisation an und beobachten Sie ihre Fortschritte.
- Erkennen Sie es auf jeden Fall an, wenn Menschen gute Zeitmanagement- und Organisationsfähigkeiten an den Tag legen.

dass höhere Trennwände zwischen den Arbeitsplätzen bei den Mitarbeitern einen „Ratten-im-Labyrinth“-Komplex

ÜBER DEN TELLERRAND

DER RAUM-ANGRIFFN

Die Organisationsexpertin und Autorin Julie Morgenstern hat den SPACE-Plan entwickelt, mit dem man das Chaos in den Griff bekommen und seine physische Umgebung organisieren kann:

- **„Sort"** – Dinge nach Ähnlichkeit sortieren.
- **„Purge"** – Wegwerfen, verschenken, verkaufen, auf Dauer einlagern – jedenfalls weg damit vom Arbeitsplatz.
- **„Assign a Home"** – Dinge, die Sie behalten wollen, brauchen ihren eigenen Platz. Gehen Sie dabei effizient vor: Bedenken Sie Größe, Zugänglichkeit, Sicherheit und Häufigkeit der Benutzung.
- **„Containerize"** – Behälter halten verschiedenartige Gegenstände voneinander getrennt; sie erleichtern den Zugriff, die Reinigung und die Wartung.
- **„Equalize"** – Beobachten Sie Ihre Körbe, Regale, Schränke und Schubläden. Wenn etwas nicht funktioniert, ändern Sie etwas. Wenn Sie wieder anfangen, Dinge anzuhäufen, starten Sie wieder einen Raum-Angrif – Space Attack.

Quelle: *Organizing from the Inside Out* von Julie Morgenstern (Owl Books 2004).

verursachen, während niedrigere Trennwände den freien Austausch von Ideen fördern. Berücksichtigen Sie bei der Organisation von Projektteams, dass sich die räumliche Position der Mitglieder auf die Zeit auswirkt, die Sie brauchen, um sie zur Zusammenarbeit zu bewegen.

„Es gehört zu den Aufgaben eines Managers, eine für beide Seiten zufriedenstellende Vereinbarung über die Zeit auszuhandeln."

– John Kao, Autor von *Jamming*

Damit sich Ihre Organisation schnell und effizient bewegen kann, müssen Sie dafür sorgen, dass Zahlen und Informationen optimal unter den Teammitgliedern und anderen wichtigen Beteiligten verteilt werden. Die physische Gestaltung des Arbeitsraums wirkt sich auf die Beweglichkeit des Teams aus. Physische und digitale Ablagesysteme sollten den Bedürfnissen Ihres Teams entsprechen, sie sollten flexibel und anpassungsfähig sein. Ausmisten wird häufig als todsicherer Weg zu mehr Zeiteffizienz angeführt. Das Entscheidende dabei ist nicht die Ästhetik, sondern die Zugänglichkeit von Daten: Jemand, der das Benötigte in einem Berg von Zeug schnell findet, ist besser dran als jemand, dessen Arbeitsplatz wie geleckt aussieht, der aber nach allem stundenlang suchen muss.

Um das Bewusstsein für Zeitmanagement in Ihrem Team zu verbessern, ist es unerlässlich, das Bewusstsein jedes Einzelnen für Zeitmanagement und Konzentration zu fördern. Erinnern Sie sich, dass die Kette nur so stark ist wie ihr schwächstes Glied. Beobachten Sie die Fortschritte jedes Einzelnen im Hinblick auf den Zeitmanagement-Plan. Gehen Sie in Vier-Augen-Besprechungen und in Trainingssitzungen die To-Do-Listen Ihrer Teammitglieder durch und fragen Sie sie, wie sich ihre Pläne in die Pläne der Abteilung fügen.

Und schließlich zollen Sie den Menschen mit den besten Zeitmanagement-Methoden Anerkennung. Machen Sie das bekannt. Bieten Sie Mitarbeitern Anreize, wenn sie bessere Methoden des Zeitmanagements für Aufträge, Aufgaben, Projekte und Initiativen vorschlagen. Sehen Sie voraus, dass die Mitarbeiter vielleicht sogar Zeit übrig haben, und helfen Sie ihnen, Möglichkeiten der klugen Nutzung zu finden.

IHREN CHEF BEI DER STANGE HALTEN

Die meisten Mitarbeiter sind gelegentlich über die mangelhafte Konzentration ihres Chefs entsetzt. Je höher man auf

EIN PAAR ZAHLEN

VERHÄLTNISANALYSE

Um festzustellen, wie effizient Sie sind, überprüfen Sie das Verhältnis zwischen Ihrer Zeit und Ihrem Einkommen. Wenn Sie in einer 40-Stunden-Woche 400 Dollar verdienen (etwa 10 Dollar pro Stunde), beträgt das Verhältnis Ihres Einkommens zu einer Stunde Ihrer Zeit 10 zu 1. Wenn Sie 25 Prozent Gehaltserhöhung bekommen, könnte man meinen, dass das Verhältnis auf 12,50 zu 1 steigt. Aber die Beförderung kann ja bedeuten, dass Sie länger auf der Arbeit bleiben müssen. Wenn Sie jede Woche 80 Stunden auf der Arbeit verbringen, aber nur für 40 Stunden bezahlt werden, beträgt das Verhältnis nur noch 12,50 zu 2. Beförderungen können teuer werden, wenn man nicht lernt, mit dem Arbeitspensum und mit der Zeit besser umzugehen. Wenn Sie auf der Unternehmensleiter aufsteigen, müssen Sie unbedingt die Zeit effizienter nutzen.

der Unternehmensleiter klettert, umso mehr Ablenkungen muss man bewältigen. Aber als wichtigste Person in Ihrem Arbeitsleben hat Ihr Chef die meiste Kontrolle und den

KERNPUNKTE

PERSÖNLICHE VERÄNDERUNG

Zeitmanagement-Fähigkeiten kann man lernen. Mit Selbstdisziplin kann man sie sogar üben. Aber wahrhaftes Zeitmanagement, aus dem Sie den ganzen persönlichen und beruflichen Nutzen ziehen können, den es zu bieten hat, muss eine Lebenseinstellung werden. Vergessen Sie nicht:

- Gutes Zeitmanagement bringt es mit sich, dass man Kunden schneller, günstiger und besser bedienen kann.
- Aus gutem Zeitmanagement ergibt sich, dass man Geld und Ressourcen spart, weil man Dinge gleich beim ersten Mal richtig macht.
- Wenn man mit Untergebenen und Kollegen an Zeitmanagement-Fähigkeiten arbeitet, baut man stärkere Beziehungen auf.
- Der Einsatz besserer Zeitmanagement-Methoden kann jetzt sofort beginnen.

ÜBER DEN TELLERRAND

VON ANDEREN ETWAS ÜBER SICH SELBST LERNEN

Warum stört Sie das nachlässige Verhalten Ihres Chefs so sehr? Haben Sie die gleichen Gewohnheiten? Häufig kann man bei anderen Menschen diejenigen Fehler schwer ertragen, die man auch bei sich selbst sieht. Wenn Sie das Verhalten Ihres Chefs untersuchen, bedenken Sie auch, wie Sie auf der Arbeit Ihre Zeit managen. Ergreifen Sie beispielsweise auch erst dann Maßnahmen, wenn die Dinge schon das Ausmaß einer Krise annehmen? Wenn Sie Ihre eigenen Zeitmanagement-Fehler an anderen Menschen wahrnehmen, erkennen Sie leichter, wie Sie sie verbessern können.

meisten Anspruch auf Ihre Zeit. Wenn er fürchterlich unkonzentriert ist und seine Zeit schlecht managt, stecken Sie in der Klemme.

Um die Fähigkeit Ihres Chefs zu beeinflussen, sich auf Zeitmanagement zu konzentrieren, oder um wenigstens zu verhindern, dass seine Schwäche Ihre Effektivität beeinträchtigt, müssen Sie raffiniert und diplomatisch sein. Sie können ihn nicht dazu zwingen sich zu ändern. Aber Sie können etwas tun, um die Situation zu verbessern.

Fragen Sie sich zuerst, was Ihr Chef eigentlich falsch macht: Was tut er, was Zeit verschwendet? Verursacht er dadurch Verzögerungen und Unterbrechungen, dass er Informationen verliert? Teilt er Aufgaben den falschen Menschen zu? Ignoriert er Zwischenfristen? Wecken Aufgaben erst dann seine Aufmerksamkeit, wenn sie zu Krisen werden? Wenn das alles nur ihn betreffen würde, wäre es nicht Ihr Problem. Wenn Sie die Ablenkungen und Zeitmanagement-Schwächen Ihres Chefs voraussehen, können Sie besser damit umgehen.

Wenn es im Büro schwierig ist, die Aufmerksamkeit Ihres Chefs zu bekommen, versuchen Sie sich woanders mit ihm zu treffen, vielleicht zum Essen. Wenn Sie ihn vom Schreibtisch und von den Ablenkungen der Arbeit wegbekommen, haben Sie bessere Chancen, dass er sich auf Sie und Ihre Bedürfnisse konzentriert und dass Sie in kürzerer Zeit mehr erreichen. Wenn Sie wissen, dass er sich mit dem Genehmigen und Absegnen von Projekten oft Zeit lässt, bauen Sie in Ihren Zeitplan zusätzliche Zeit ein, die der mangelnden Schnelligkeit Ihres Chefs Rechnung trägt. Wenn er seine Gedanken bei spontanen Besprechungen nicht klar formuliert, liefern Sie ihm vor dem Gespräch eine Tagesordnung, damit er die Möglichkeit hat, seine Gedanken zu sammeln.

Auch wenn Sie keinen Einfluss darauf haben, worauf sich Ihr Chef konzentriert, so könnte es Ihnen doch gelingen, seine Hilfe bei der Beseitigung von Hürden und Hindernissen zu bekommen, die die Fähigkeit Ihres Teams beeinträchtigen, sich auf die richtigen Ziele und Aufgaben zu konzentrieren. Wenn irgendjemand Verständnis für den Gewinn und den Leistungszuwachs hat, der aus zielgerichtetem Arbeiten resultiert, dann wohl Ihr Chef.
Wenn Sie die Fehler Ihres Chefs diplomatisch umgehen und gutes Zeitmanagement betreiben, können Sie sich und Ihren Chef entlasten – und Ihren Marktwert erhöhen. Und wenn Sie lernen, mit einem ineffizienten Chef zurechtzukommen, macht das zudem Ihr Arbeitsumfeld bedeutend erträglicher. Es ist durchaus wahr, dass Mitarbeiter „einen schlechten Job nicht aufgeben, aber vor schlechten Chefs flüchten".

PERSÖNLICHE VERÄNDERUNGEN ANSTREBEN

Das Zeitmanagement in den Griff zu bekommen kann eine gewaltige Aufgabe sein. Aber stellen Sie sich einmal vor, Sie hätten die Kontrolle über Ihre Zeit und Ihr Arbeitspensum. Stellen Sie sich vor, Sie sagen „nein" zu dem Workaholic in Ihnen. Stellen Sie sich vor, Sie sagen „nein" zu Ihren Untergebenen, Kollegen und Vorgesetzten, wenn sie ungebührliche

Ansprüche an Ihre Zeit stellen. Stellen Sie sich vor, Sie sagen „nein" zu den Kleinigkeiten, die Sie zu überwältigen drohen. Jetzt, wo Sie gelernt haben, Ihre Aufgaben nach Prioritäten zu sortieren, bleiben Sie konzentriert, vermeiden Sie Ablenkungen, lehren Sie Ihre Untergebenen, ihre Zeit zu managen, und umgehen Sie die Zeitmanagement-Defizite Ihres Chefs; dann sind Sie in der besten Position, endlich Ihre Zeit in den Griff zu bekommen. Konzentrieren Sie sich darauf, die Verschwendung von Zeit und Mühe zu beseitigen, lehnen Sie Arbeiten ab, die Ihren Plan oder den Ihres Unternehmens nicht voranbringen, bleiben Sie mit Ihren Projekten im Zeitplan und arbeiten Sie immer Ihre To-Do-Listen ab. Wenn Sie das tun, wirkt es sich nicht nur auf Ihre Zeitmanagement-Gewohnheiten positiv aus, sondern auch auf die anderen Menschen in der Organisation.

EINE LANZE FÜR DAS ZEITMANAGEMENT

Zeit ist mit Ihr wertvollstes Kapital und wenn Sie das Beste daraus machen wollen, müssen Sie sie gut verwalten. Der Unterschied zwischen erfolgreichen Managern mit glänzender Zukunft und erfolglosen Managern, die auf der Stelle treten, hat gewöhnlich weniger mit Intelligenz und Fähigkeiten zu tun als damit, wie effektiv sie ihre Zeit managen. Wenn Sie in Ihrer Karriere schneller aufsteigen wollen, fangen Sie damit an, dass Sie besser mit Ihrer Zeit umgehen.

Sie können das Aushängeschild für Produktivität werden, der Champion der Zeiteffizienz – nicht indem Sie nörgeln, sondern indem Sie auf Gelegenheiten achten, interne und externe Kunden schneller, günstiger und besser zu bedienen. Sie können jede von Ihren Kollegen gebotene Gelegenheit nutzen, Ihren gemeinsamen Raum und Ihre Arbeitsbeziehungen zu verbessern. Für Ihren Chef können Sie die Person werden, an die man sich wenden muss und die den Druck in der Abteilung löst, indem sie es beim ersten Mal und rechtzeitig richtig macht.

Das Aufstellen und Umsetzen von Zeitmanagement-Gewohnheiten ist nicht leicht und geht nicht von heute auf morgen. Was Ihnen dabei wahrscheinlich wirklich im Weg steht, ist die mangelnde Selbstdisziplin. Sein Verhalten zu ändern ist schwierig – aber unglaublich lohnend. Und am besten gelingt das in kleinen, überschaubaren Schritten. Sie kennen die Wahlsprüche: „Eine Reise von 1.000 Meilen beginnt mit einem einzigen Schritt", und: „Man besteigt einen Berg einen Felsen nach dem anderen." Wenn Sie wirklich Ihre Zeit besser managen wollen, müssen Sie erkennen, dass es wirklich eine große Anstrengung ist, die fest verwurzelten ineffizienten Gewohnheiten zu überwinden. Aber es stimmt auch, dass der erste Schritt zur Veränderung ganz leicht sein kann – nehmen Sie jetzt sofort ein Blatt Papier zur Hand und fangen Sie mit der To-Do-Liste an.

LOS GEHT'S

UMSETZUNG IN DIE PRAXIS

Jetzt sind Sie so weit, dass Sie das, was Sie in dem Buch gelernt haben, in die Praxis umsetzen können. Dieser Teil bietet noch einmal einen Überblick, den Sie als Anleitung benutzen können.

Kapitel 1: Setzen Sie zeitliche Prioritäten

- Der Tag hat für alle gleich viele Stunden: Es kommt wirklich darauf an, wie man sie nutzt.
- Gutes Zeitmanagement bringt Vorteile: größeren täglichen Output, die Erfüllung von Karrierezielen und finanziellen Zielen, bessere Erfolgschancen, das alles ist möglich.
- Gehen Sie effizienter mit Ihrer Zeit um: Effizienz in der Gegenwart hilft Ihnen, das Gewünschte in der Zukunft zu erreichen.
- Setzen Sie die Prioritäten nach Ihrer biologischen Uhr: Schauen Sie, wann Sie am effizientesten Entscheidungen treffen oder sich am besten auf die Arbeit konzentrieren können, und widmen Sie diese Zeit ausschließlich diesen Aufgaben.

- Übernehmen Sie sich nicht: Nehmen Sie große Aufgaben und unterteilen Sie sie in kleinere Aufgaben. Bedenken Sie, eine Reise von tausend Meilen beginnt mit einem einzigen Schritt.
- Erfassen Sie das große Ganze: Das hilft Ihnen, sich besser zu konzentrieren und Prioritäten zu setzen.
- Behalten Sie immer die Prioritäten im Kopf:
Unwichtige Dinge werden gewöhnlich wegen schlechter Planung wichtig.
- Schreiben Sie Dinge auf: Selbst Menschen mit eisernem Gedächtnis vergessen manchmal wichtige Details oder Punkte, die ihre Aufmerksamkeit erfordern.
- Lassen Sie sich nicht erdrücken: Setzen Sie Prioritäten und konzentrieren Sie sich auf die wichtigsten Punkte.
- Erstellen Sie Listen im Computer oder Digitalplaner: Dann finden Sie sie immer und können sie schneller auf den neuesten Stand bringen. Wenn Sie Punkte auf Ihrer To-Do-Liste streichen müssen, drucken Sie sie aus und haken Sie sie ab.
- Erinnern Sie sich an den eigentlichen Gegenstand des Zeitmanagements: Nutzen Sie lieber die Zeit, die Sie haben, effizient, anstatt um jeden Preis Zeit zu sparen und wichtige Dinge wegzulassen.

- Zeitmanagement fördert die Kreativität: Mit gutem Zeitmanagement manövriert man sich nicht durch Chaos und Unordnung, sondern eröffnet sich Raum zum Leben und hat mehr Zeit für kreative Prozesse.
- Wissen Sie, wo Ihre Liste ist, und lassen Sie sie dort: Notizen auf Briefumschläge und lose Zettel zu schreiben bringt Sie nicht vorwärts; die Suche nach dem Zettel mit der tollen Idee ist verschwendete Zeit.

Kapitel 2: Organisieren Sie Ihre Zeit

- Erfinden Sie das Rad nicht neu: Benutzen Sie Vorlagen, Formulare und Email-Signaturen, damit Sie nicht immer wieder das Gleiche schreiben müssen.
- Ein guter Zeitplan ist flexibel: Auf diese Art kommt man mit unvorhergesehenen Ereignissen und Komplikationen zurecht.
- Haben Sie einen Plan B: Das sorgt dafür, dass die Räder nicht durchdrehen, wenn etwas schief geht.
- Tun Sie es jetzt: Nutzen Sie die kleinen Pausen im Laufe des Tages, um die kleinen Dinge zu erledigen, die gemacht werden müssen.
- Geben Sie sich genug Zeit: Denken Sie an den Kleinkram im Tagesablauf, zum Beispiel Emails und telefonische Rückrufe. Tätigkeiten, die Sie vergessen, in den Zeitplan

aufzunehmen, können die zusätzlichen Zeiten in den Lücken des Tagesablaufs wegwischen.

- Scheuen Sie sich nicht, Aufgaben „in der falschen Reihenfolge" zu erledigen: Wichtig ist, dass Sie die Ressourcen und die wichtigsten Beteiligten optimal nutzen.
- Engagieren Sie notfalls Zeitarbeiter. Manchmal ist einfach zu viel zu tun, wenn die Frist drohend naht, und man muss Verstärkung anfordern.
- Ölen Sie quietschende Räder: Finden Sie heraus, was Sie bremst, damit Sie die Dinge wieder in Bewegung bringen können.

Kapitel 3: Nutzen Sie Ihre Zeit effizient

- Vermeiden Sie Ablenkung durch Emails: Lesen Sie nicht alle Emails sofort. Legen Sie eine bestimmte Zeit des Tages für die Bearbeitung von Emails fest. Löschen Sie sie oder legen Sie sie ab, wenn Sie sie beantwortet oder etwas anderes mit dem Inhalt angefangen haben.
- Bekommen Sie die Telefonfalle in den Griff: Wenn Sie an einem wichtigen Projekt arbeiten, gehen Sie die Anrufe durch und beantworten Sie sie in der Reihenfolge ihrer Wichtigkeit.
- Schreiben Sie Tagesordnungen für Besprechungen: Alle haben etwas zu tun; bleiben Sie bei der Sache und beenden Sie die Besprechung lieber früher als später.

- Fangen Sie Besprechungen pünktlich an: So verschwenden Sie keine wertvolle Zeit damit, dass Sie auf Zuspätkommer warten, und das signalisiert, dass Sie Wert auf Pünktlichkeit legen.
- Halten Sie einen gesunden Rhythmus ein: Seien Sie nicht selbstzufrieden, trödeln Sie nicht – halten Sie die Dinge am Laufen.
- Überarbeiten Sie sich nicht: Sie müssen wissen, wann Sie für die Einhaltung von Fristen Gas geben und wann Sie locker lassen müssen.

Kapitel 4: Zeitmanagement am Arbeitsplatz

- Bauen Sie eine Arbeitsumgebung auf, in der Zeitmanagement wichtig ist: Das verbessert die Produktivität aller und schafft ein respektvolles Umfeld.
- Kommunizieren Sie effektiv: Die klare Übermittlung von Informationen spart allen Beteiligten Zeit und Mühe.
- Halten Sie sich nicht mit Fehlern auf: Jeder macht Fehler; ändern Sie, was Sie noch ändern können, und machen Sie dann weiter.
- Respektieren Sie die Zeit anderer Menschen: Platzen Sie nicht herein, unterbrechen Sie niemanden, der auf eine Frist hin arbeitet und nehmen Sie nicht mehr Zeit Ihres Chefs in Anspruch, als er Ihnen geben will.

- Seien Sie pünktlich: Die Person, der Ihre Verspätung am meisten schadet – vor allem wenn Sie gewohnheitsmäßig zu spät kommen – sind Sie selbst. Bedenken Sie, ein pünktlicher Mensch ist ein wandelndes Werbeplakat für überlegenes Zeitmanagement.
- Bleiben Sie konzentriert bei der Sache: Lernen Sie, Dinge auf Eis zu legen, die nicht Ihre sofortige Aufmerksamkeit erfordern.
- Stellen Sie einen Zeitmanagement-Plan auf: Machen Sie einen Plan, der es allen erlaubt, sich auf Aufgaben und Zielvorgaben zu konzentrieren, die die Ziele des Unternehmens fördern.
- Schleifen Sie Ihr Organisationsgeschick: Wenn die natürlichen Begabungen einer Person zu ihrer Arbeit passen, garantiert das ihren Erfolg und den der Abteilung.
- Lernen Sie von anderen Abteilungen: Vergleichen und koordinieren Sie Zeitpläne, um die Effizienz zu maximieren.
- Organisieren Sie Ihren Arbeitsbereich: Ausmisten und Organisieren kann dazu beitragen, dass sich Ihr Team auf die Ziele konzentriert.
- Zollen Sie denjenigen Anerkennung, die die besten Zeitmanagement-Methoden demonstrieren: Öffentliches Lob ist ein guter Antrieb zur Verstärkung von positiven Verhaltensweisen.

- Lernen Sie von anderen etwas über sich selbst: Wenn Sie Ihre eigenen Zeitmanagement-Fehler bei anderen sehen, erkennen Sie leichter, wie Sie sie verbessern können.
- Nehmen Sie sich vor, die Veränderung zum Dauerzustand zu machen: Sortieren Sie Aufgaben nach Priorität, bleiben Sie konzentriert, vermeiden Sie Ablenkungen, bringen Sie Ihren Untergebenen bei, ihre Zeit besser zu managen, und umgehen Sie die Zeitmanagement-Defizite Ihres Chefs. Wenn Sie Kurs halten, verbessert sich Ihr Leben.

Empfohlene Lektüre

Der Minuten-Manager und der Klammer-Affe, *Ken Blanchard*

Diese Schritt-für-Schritt-Anleitung des Bestseller-Autors Blanchard zeigt Managern, wie sie sich davon freimachen, die Arbeit aller anderen zu machen, und wie sie sicher stellen, dass jedes Problem von dem richtigen Mitarbeiter bearbeitet wird.

Die Praxis des :01-Minuten-Managers. Wie Sie die drei goldenen Regeln richtig anwenden, *Ken Blanchard*

Das zweite Buch in dieser phänomenal erfolgreichen Reihe zeigt, wie man die Lehren aus *Der Minuten-Manager* in das tägliche Leben einbringt und optimale Effizienz erzielt.

Der On-Time, On-Target-Manager. Erfolgreich Wider die Aufschieberitis, *Ken Blanchard und Steve Gottry*

In dieser fesselnden Parabel bieten Blanchard und Gottry praktische Strategien an, die jeder Profi in die Praxis umsetzen kann, um seine Leistung zu verbessern und sich von einem krisenanfälligen Last-Minute-Manager in einen produktiven On-Time, On-Target Manager zu verwandeln.

Get a Life Without Sacrificing Your Career, *Dianna Booher*

Booher bietet zeitsparende Tipps und argumentiert, dass das Setzen realistischer Erwartungen und der richtigen Ziele entscheidend für die Aufstellung von Prioritäten sind, die den persönlichen Werten entsprechen.

The Small Business Handbook, *Irving Burstiner*

Diese umfassende handfeste Anleitung für den Aufbau eines Kleinunternehmens behandelt Themen von der Entscheidung, ein Unternehmen zu gründen, bis zu dem Mitarbeitermanagement.

Defeating Procrastination, *Marlene Caroselli*

Dieses Buch stellt 52 Tipps vor (einen für jede Woche des Jahres), mit denen die Leser gegen die „Aufschieberitis" vorgehen können, und es enthält Übungen, mit denen man Produktivität und Effizienz steigern kann.

Der Weg zu den Besten, *Jim Collins*

Die Erkenntnisse von *Der Weg zu den Besten* werden viele Leser überraschen und sie beleuchten fast alle strategischen und praktischen Bereiche des Managements.

Führungsqualität in Krisenzeiten, *Danny Cox mit John Hoover*

In *Führungsqualität in Krisenzeiten* erklärt der ehemalige Testpilot Danny Cox, wie man die ergebnisorientierten Eigenschaften von Kampfpiloten auf jede Organisation anwenden kann, und er stellt Strategien vor, mit denen man in der heutigen, sich schnell wandelnden Arbeitswelt die optimale Effizienz erzielt.

How to Get Organized When You Don't Have the Time, *Stephanie Culp*

Culp bietet ein leicht zu befolgendes Programm in fünf Schritten, wie sich beschäftigte Menschen organisieren können.

The 25 Best Time Management Tools and Techniques, *Pamela Dodd und Doug Sundheim*

Dieses kurze, aber umfassende Buch präsentiert das Beste, was Zeitmanagement-Experten zu bieten haben.

Daily Drucker – Wirtschaftswissen zum täglichen Gebrauch, *Peter F. Drucker und Joseph A. Maciariello*

Drucker, der weithin als größter Management-Denker der heutigen Zeit gilt, bietet hier seine eindringliche und praktische Weisheit mit der Klarheit, der Vision und der Menschlichkeit, die seine Markenzeichen sind. *Daily Drucker* bietet Anregungen und Ratschläge, wie man den Herausforderungen des modernen Lebens begegnet.

Die ideale Führungskraft. Die Hohe Schule des Managers, *Peter F. Drucker*

Drucker erklärt, wie man „die richtigen Dinge erledigt", er demonstriert die entscheidenden besonderen Fähigkeiten der Führungskraft und bietet frische Einsichten in alte und scheinbar offensichtliche geschäftliche Situationen.

Die Praxis des Managements, *Peter F. Drucker*

Das ist das erste Buch, das Management als eigenständige Funktion darstellt und das Managen als separaten Verantwortungsbereich anerkennt. Dieses klassische Werk von Drucker ist das grundlegende Buch für das Verständnis dieser Gedanken.

The E-Myth Revisited, *Michael E. Gerber*

Eine revidierte Version des Originalbestsellers, mit mehr Informationen dazu, weshalb so viele kleine Unternehmen scheitern und was man wissen muss, um ein erfolgreiches Unternehmen zu betreiben.

The Power Point, *Michael E. Gerber*

Der Autor der erfolgreichen E-Myth-Reihe untersucht Unternehmen, die auf ihrem Feld die erfolgreichsten sind, und zeigt, wie sie sich an der Spitze halten.

Time Tactics of Very Successful People, *B. Eugene Griessman*

Griessman bietet eine Sammlung von Zeit-Taktiken, die von einer Reihe höchst erfolgreicher Menschen wie Malcolm Forbes, Jr., und Ted Turner angewendet werden.

Schneller, als die Konkurrenz erlaubt, *Jason Jennings und Laurence Haughton*

Dieser lehrreiche Text beschreibt, wie man sein Unternehmen mithilfe strategischer Planung und Kreativität effizient schneller macht als die Konkurrenz.

Die „Ja oder Nein"-Strategie für Manager. Entscheidungen erfolgreich treffen, *Spencer Johnson, M.D.*

Der Bestsellerautor Spencer Johnson präsentiert ein praktisches System, mit dem jedermann sowohl im Berufs- als auch im Privatleben bessere Entscheidungen treffen kann.

Wie erfolgreiche Unternehmen arbeiten. Die 4+2-Formel für nachhaltigen Erfolg, *William Joyce, Nitin Nohria und Bruce Roberson*

Wie erfolgreiche Unternehmen arbeiten basiert auf einer bahnbrechenden fünfjährigen Studie, die Zahlen zu 200 Management-Praktiken analysiert, und enthüllt die Effektivität der wirklich gültigen Praktiken.

Time for Me: A Burst of Energy for Busy Women!, *Helene Lerner*

Diese Parabel illustriert, dass sich arbeitende Frauen, die sich um alle anderen und alles andere kümmern, Auszeiten nehmen müssen, damit sie mehr Zeit für sich selbst haben und auf lange Sicht effizienter werden.

Organize Your Work Day in No Time, *K.J. McCorry*

Dieses Buch zeigt, wie einfache Zeitmanagement-Methoden Managern und Mitarbeitern helfen können, ihre Arbeit in kürzerer Zeit zu schaffen.

Managing Crises Before They Happen: What Every Executive and Manager Needs to Know about Crisis Management, *Ian I. Mitroff und Gus Anagnos*

Die Leiter der Beratungsfirma Comprehensive Crisis Management geben Tipps und Ratschläge, wie man die Warnzeichen befolgt, wie man über den Tellerrand hinausblickt, um Bewältigungsstrategien zu entwerfen, und wie man aus früheren Debakeln lernt, für die Zukunft zu planen.

Organizing from the Inside Out: The Foolproof System For Organizing Your Home, Your Office, and Your Life, 2nd edition, *Julie Morgenstern*

Die Organisationsexpertin Julie Morgenstern bringt dem Leser bei, wie man seinen Arbeitsraum organisiert, und bietet maßgeschneiderte Lösungen für verschiedene Gewohnheiten und Persönlichkeiten.

Auf der Suche nach Spitzenleistungen. Was man von den bestgeführten US-Unternehmen lernen kann, *Thomas J. Peters und Robert H. Waterman, Jr.*

Auf der Suche nach Spitzenleistungen basiert auf der Untersuchung von 43 der bestgeführten Unternehmen Amerikas und beschreibt acht grundlegende Management-Prinzipien, die diese Unternehmen so erfolgreich machen. Dazu bietet es hilfreiche Ratschläge, wie man Dinge erledigt.

Quiet Leadership: Six Steps to Transforming Performance at Work, *David Rock*

Rock führt vor, wie man zum ruhigen Führer wird und meisterhaft aus anderen Bestleistungen herausholt, indem man die Art verändert, wie die Menschen Informationen verarbeiten.

The 10 Natural Laws of Time and Life Management, *Hyrum W. Smith*

Der Vizevorsitzende von FranklinCovey erklärt die Naturgesetze, die das moderne Zeitmanagement beherrschen, und er erforscht, wie man durch die Organisation seiner Zeit auch sein Leben organisiert – und dass man daraus ein Gefühl der Befriedigung und des Wohlbefindens bezieht.

Leave the Office Earlier: The Productivity Pro Shows You How to Do More in Less Time … and Feel Great About It, *Laura Stack*

Stack macht den Leser mit zehn Produktivitätsfaktoren bekannt und stellt eine individuell zugeschnittene, effektive Methode vor, sich zu organisieren.

The Cycle of Leadership: How Great Leaders Teach Their Companies to Win, *Noel M. Tichy*

Anhand von Beispielen aus echten Unternehmen zeigt Tichy, wie man als Manager sein eigenes Unternehmen in eine lehrreiche Institution und in eine leistungsfähigere Firma verwandeln kann.

The Leadership Engine: How Winning Companies Build Leaders at Every Level, *Noel M. Tichy*

Wenn ein Rahmen geschaffen wird, in dem auf allen Ebenen einer Organisation Führungspersönlichkeiten herangebildet werden, schafft sie sich eine eigene neue Generation von Führungskräften, sodass das Unternehmen von innen heraus wachsen kann – und das ist der Schlüssel zu Spitzenleistung, Stabilität, Effizienz und Team-Loyalität.

Winning. Das ist Management, *Jack Welch und Suzy Welch*

Winning dreht sich vor allem um die konkrete, „handfeste" Arbeit. Das Buch ist vollgepackt mit persönlichen Anekdoten, es liefert tiefe Einsichten, originelle Gedanken und Lösungen für harte Nüsse.

Schluss mit dem Chaos. Wie man seinen Alltag organisiert, *Stephanie Winston*

Dieser Bestseller gilt als Klassiker auf dem Gebiet der Organisation und des Zeitmanagements. Er enthält Tipps, wie man Zeit, Papierkram, Finanzaufzeichnungen und Mahlzeiten organisiert, wie man Prioritäten setzt, das Chaos los wird und seinen Kindern Organisation beibringt.

The Organized Executive: A Program for Productivity – New Ways to Manage Time, Paper, People, and the Electronic Office, Revised Edition, *Stephanie Wilson*

Winston enthüllt, wie man Organisationsbedürfnisse analysiert, die Leistung optimiert, die Anhäufung von Papieren stoppt, die Produktivität steigert und gegen das Aufschieben angeht.

DIE „SO ...

Wie kommuniziere ich so, dass mich mein Gegenüber versteht? Wie setze ich mir Ziele und erreiche sie dann auch? Wie teile ich mir die Zeit so ein, dass ich effektiv arbeite, meine Pläne umsetze und dennoch mein Leben genießen kann? Wie komme ich mit schwierigen Zeitgenossen zurecht, die mir am Arbeitsplatz, im Verein oder einfach im Privatleben begegnen? Mit der Reihe „So ..." veröffentlicht „books4success" kleine, handliche Ratgeber, die kompakte Antworten auf Fragen wie diese geben.

DIE REGE
DES RICHARD

Weltweit sind die Bücher des Autors Richard Templar seit Langem Kult. Seine „Rules" rund um Themenkomplexe wie Reichtum, Arbeit, Leben und Management verkauften sich millionenfach. Mit „Die Regeln des Reich-

N
TEMPLAR

tums", „Die Regeln des Lebens", „Die Regeln der Arbeit" und „Die Regeln des Managements" startete „books4success" diese neue Reihe in Deutschland. Weitere Titel folgen.

Richard Templar:
Die Regeln des Reichtums
14,90 € / 272 Seiten / broschiert
ISBN: 978-3-938350-62-1

Richard Templar:
Die Regeln des Lebens
14,90 € / 248 Seiten / broschiert
ISBN: 978-3-938350-68-3

Richard Templar:
Die Regeln der Arbeit
14,90 € / 248 Seiten / broschiert
ISBN: 978-3-938350-90-4

Richard Templar:
Die Regeln des Managements
14,90 € / 256 Seiten / broschiert
ISBN: 978-3-938350-97-3

LARRY WI

Larry Winget, der „Pitbull of Personal Development", führt die Liga amerikanischer Erfolgstrainer an. Gleich vier Bestseller gehen inzwischen auf sein Konto: „Halt den Mund, hör auf zu heulen und lebe endlich!" bietet ungewöhnliche und effektive Lebenstipps. Mit „Mach Deinen Job!" korrigiert der

IGET REIHE

Autor schlechte Angewohnheiten im Berufsleben. In „Goodbye Pleite, hello Luxus" wird Schuldenberatung zum lehrreichen Lesevergnügen. „Menschen sind Idioten und ich kann's beweisen" schließlich schafft Abhilfe bei Selbst-sabotage. Ein Autor, der Spaß und Erfolg garantiert.

Larry Winget:
Halt den Mund ...
22,90 € / 328 Seiten / geb. mit SU
ISBN: 978-3-938350-16-4

Larry Winget:
Mach Deinen Job!
22,90 € / 264 Seiten / geb. mit SU
ISBN: 978-3-938350-44-7

Larry Winget:
Goodbye Pleite ...
22,90 € / 192 Seiten / geb. mit SU
ISBN: 978-3-938350-72-0

Larry Winget:
Menschen sind Idioten ...
22,90 € / ca. 280 Seiten / geb. mit SU
ISBN: 978-3-941493-08-7